Impressum
Verlag: BABADADA GmbH, Nedderfeld 112 , 22529 Hamburg
Geschäftsführer / Verlagsleitung: Harald Hof
Druck: Books on Demand GmbH, In de Tarpen 42, 22848 Norderstedt

Imprint
Publisher: BABADADA GmbH, Nedderfeld 112 , 22529 Hamburg, Germany
Managing Director / Publishing direction: Harald Hof
Print: Books on Demand GmbH, In de Tarpen 42, 22848 Norderstedt

sekolah

sukuu

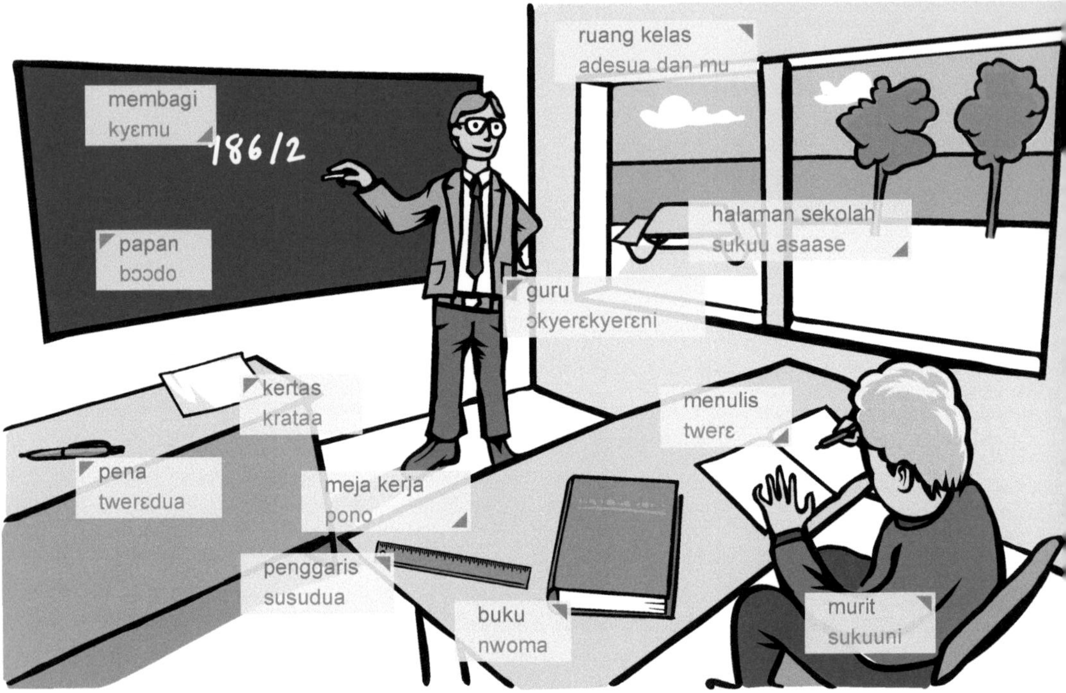
ruang kelas
adesua dan mu
membagi
kyɛmu
186/2
papan
bɔɔdo
halaman sekolah
sukuu asaase
guru
ɔkyerɛkyerɛni
kertas
krataa
menulis
twerɛ
pena
twerɛdua
meja kerja
pono
penggaris
susudua
buku
nwoma
murit
sukuuni

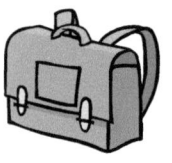

tas sekolah

baage

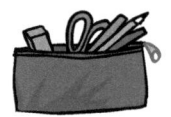

tempat pensil

adeɛ wɔde twerɛdua hyɛ mu

pensil

twerɛdua

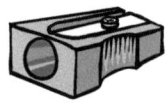

pengasah pensil

adea wɔde sensene twerɛdua ano

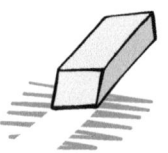

penghapus

rɔba

kertas gambar

drɔɔwin nkrataa

gambar

drɔɔwin

kuas

adeɛ a wɔde bɔ akaadoo mu

kotak cat

akaadoo adaka

gunting

apasoɔ

lem

aduro a wɔde sɔ nnooma bɔ mu

buku latihan

krataa wɔyɛ dwumadie wɔ mu

pekerjaan rumah

efie adwuma

angka

nɔma

tambhakan

ka bom

mengurangi

te frim

mengalikan

fabaho

menghitung

bo ho nkonta

huruf

atwerɛdeɛ

alfabet

atwerɛdeɛ

kata

asɛm

teks

atwerɛ

membaca

kan

kapur

chalk

pelajaran

adesua

daftar

krataa a din ahodoɔ wɔ mu

ujian

nsɔhwɛ

sertifikat

nimdeɛ krataa

seragam sekolah

sukuu ataadeɛ

pendidikan

adesua

ensiklopedi

encyclopedia

universitas

suapon kɛseɛ

mikroskop

afidie a wɔde hwɛ adeɛ
aniwa ntumi nhunu

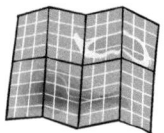

peta

asaase mfonin a ɛwɔ krataa
so

tempat sampah

kɛntɛn a wɔde krataa na ayɛ
a wɔde nwura gu mu

perjalanan
akwantuo

hotel
ahomegyebea
Grand
hostel
atenaeɛ
ROOMS
kantor pertukaran mata uang
baabi aa yɛsesa
koper
baage a wɔde nnoɔma gu mu
mobil
kaa

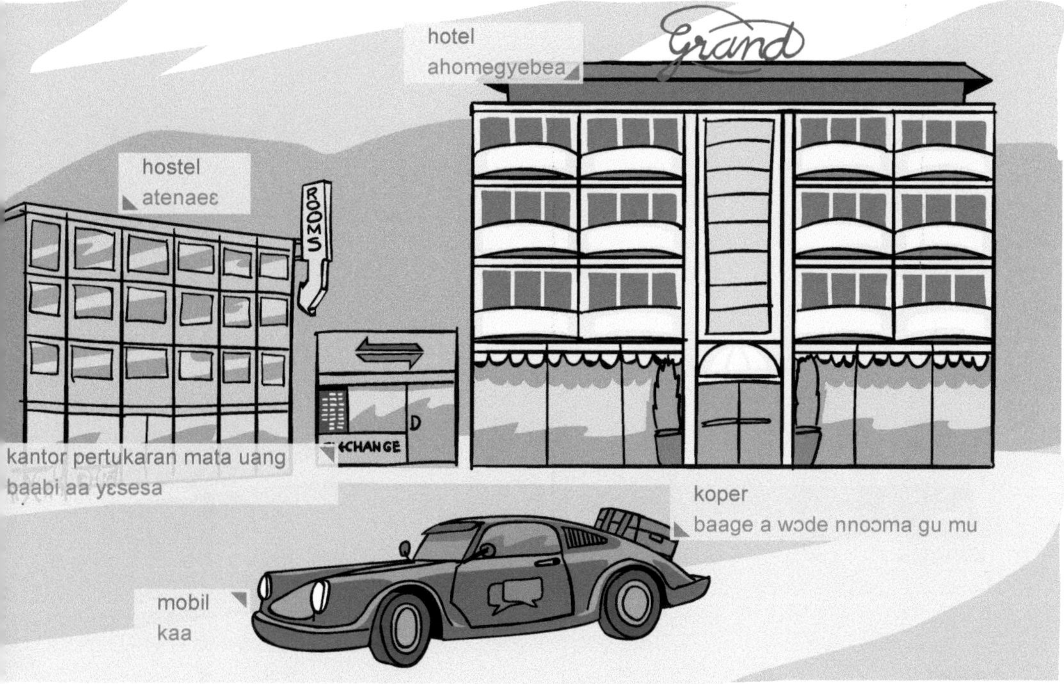

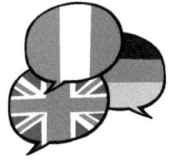

bahasa

kasa

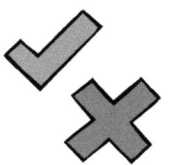

ya / tidak

aane / daabi

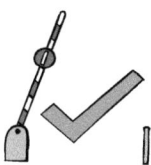

okay

Yoo

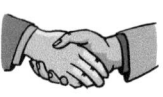

hallo

hɛlo

penerjemah

deɛ wɔkyerɛkyerɛ kasa ase

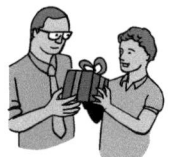

terima kasih

Medaase

Berapa harganya…?

... ɛyɛ sɛn?

saya tidak mengerti

Menteaseɛ

masalah

ɔhaw

Selamat malam!

Maadwo!

Selamat siang!

Maakye!

Selamat tidur!

Da yie!

sampai jumpa

nante yie

arah

akwankyerɛ

bagasi

nnooma a wode tu kwan

tas

kotokuo

ransel

baage a yɛde bo yakyi

tamu

ɔhɔhoɔ

ruang

danmu

kantong tidur

bag a yɛda mu

tenda

ntomadan

informasi wisata

adesrafoɔ nsɛm

pantai

po ano

kartu kredit

krɛdit kaade

sarapan

anopa aduane

makan siang

awia aduane

makan malam

anwumerɛ aduane

tiket

tikiti

elevator

pagya

perangko

agyinahyɛdeɛ

perbatasan

ɛhyeɛ

cukai

adwumayɛfoɔ a wɔgyina
aman mmienu hyeɛ so

kedutaan

ɔman bi asoeɛ

visa

akwantuo krataa

paspor

akwantuo krataa

transportasi

ɛhyɛn

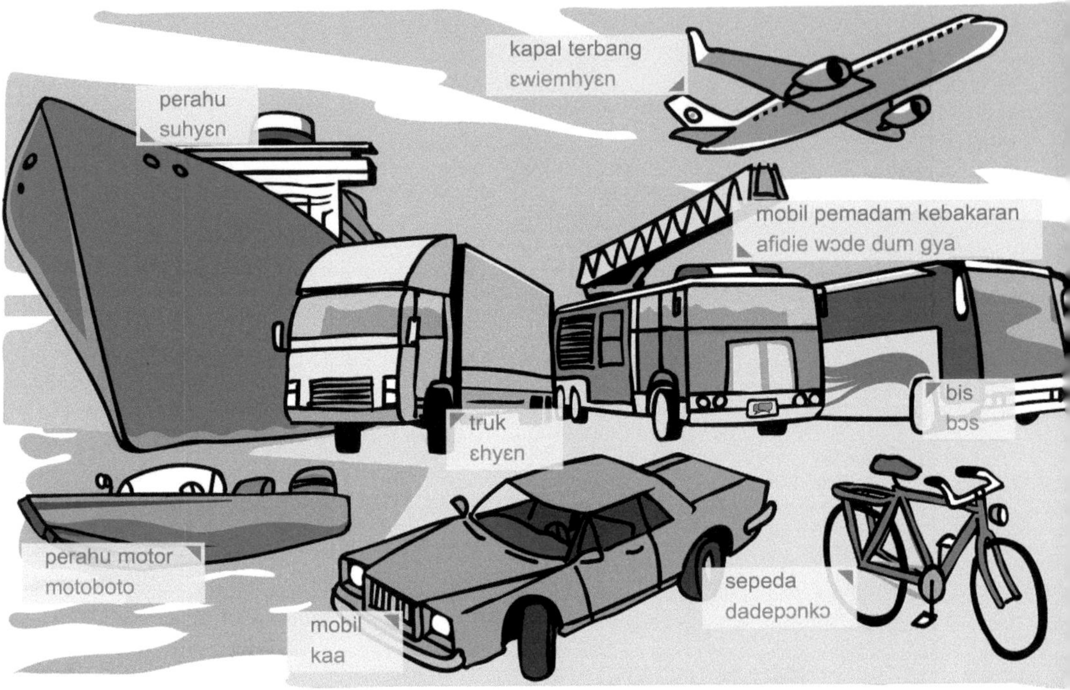
kapal terbang
ɛwiemhyɛn
perahu
suhyɛn
mobil pemadam kebakaran
afidie wɔde dum gya
truk
ɛhyɛn
bis
bɔs
perahu motor
motoboto
sepeda
dadepɔnkɔ
mobil
kaa

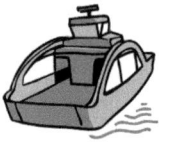

feri

subonto

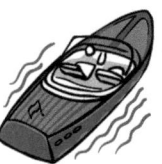

perahu

suhyɛn

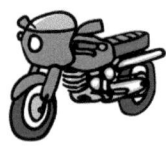

sepeda motor

dadepɔnkɔ

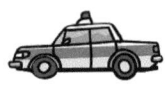

mobil polisi

apolisifoɔ kaa

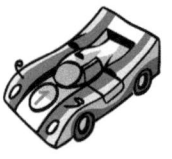

mobil balapan

kaa a wɔde si akan

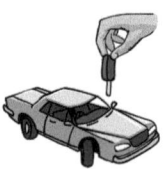

mobil sewa

hyɛn aa yɛ hain

berbagi mobil

kaa a wɔde ma obi de di
dwuma

truk derek

kaa a wɔde twe ɛhyɛn a
asɛe

truk sampah

bɔɔla kaa

motor

moto

bahan bakar

ngo

bensin

beaɛ a wotɔn pɛtro

tanda lalulintas

trafik ahyɛnsodeɛ

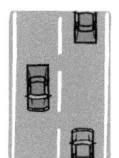

lalulintas

trafik

macet

ɛhyɛn ntumi nkɔ ntɛm

parkir mobil

kaa gyinabea

stasiun kereta

keteke steshin

trek

ketekye kwan

kereta api

ketekye

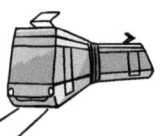

tram

ketekye

gerobak

afidie a wɔtena mu wɔ wiem
tu kwan

transportasi - ɛhyɛn

9

helikopter

ewiemhyɛn

bendara

dadeɛanoma gyinabea

menara

dan tentene

penumpang

obi a wɔforo hyɛn

container

adaka

karton

adaka

troli

teaseɛnam

keranjang

kɛntɛn

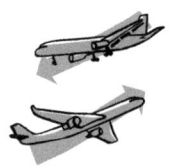

berangkat / mendarat

tu / si fam

kota

kuropɔn

desa

akurase

pusat kota

kuropɔn hyiabea

rumah

efie

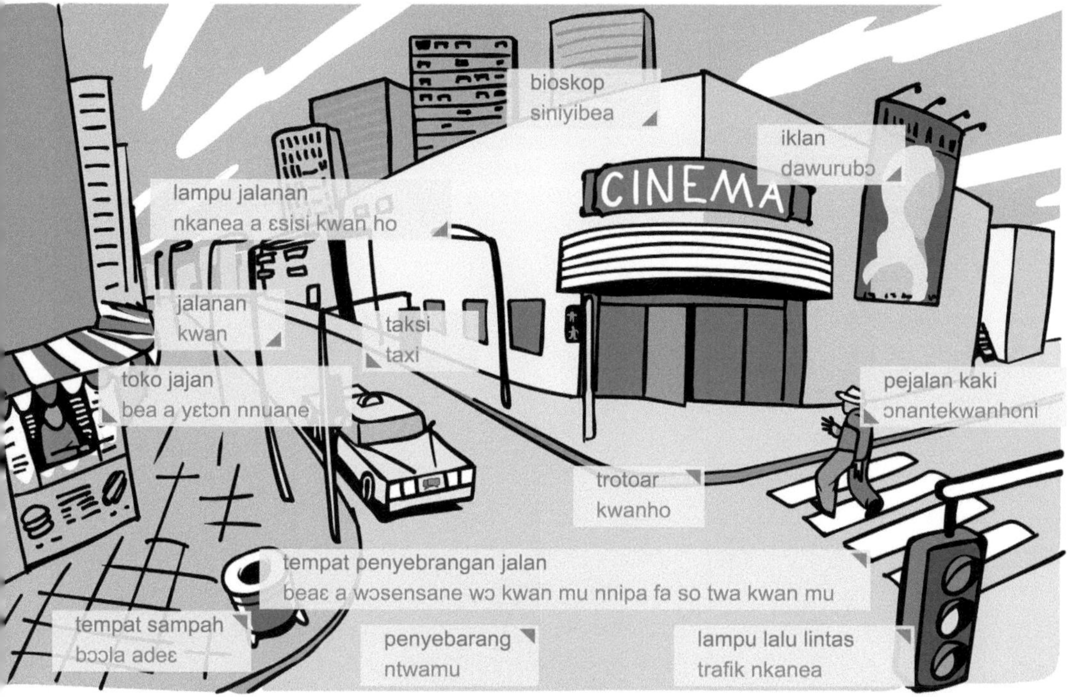

bioskop
siniyibea

iklan
dawurubɔ

lampu jalanan
nkanea a ɛsisi kwan ho

CINEMA

jalanan
kwan

taksi
taxi

toko jajan
bea a yɛtɔn nnuane

pejalan kaki
ɔnantekwanhoni

trotoar
kwanho

tempat penyebrangan jalan
beaɛ a wɔsensane wɔ kwan mu nnipa fa so twa kwan mu

tempat sampah
bɔɔla adeɛ

penyebarang
ntwamu

lampu lalu lintas
trafik nkanea

gubuk
ntaabodan

rumah flat
tenabea

stasiun kereta
keteke steshin

balai kota
kurom nhyiadanmu

museum
mesiɔm

sekolah
sukuu

universitas

suapon kɛseɛ

bank

sikakorabea

rumah sakit

asopiti

hotel

ahomegyebea

farmasi

beaɛ a wɔtɔn nnuro

kantor

ɔfise

toko buku

beaɛ a wɔtɔn nwoma

toko

beaɛ a wɔtɔn adeɛ

toko bunga

nhwiren kuani

supermarket

dwakɛseɛmu

pasar

dwamu

toko serba ada

asoeɛ sotɔɔ

nelayan

nnam tɔnfo

pusat belanja

adetɔ beae

pelabuhan

suhyɛn gyinabea

taman

agodibea

banku

akonnwa

jembatan

nsamsɔɔ

tangga

deɛ wɔee foro aborosan

kereta bawah tanah

asaasease

terowongan

tɔkuro a w'atu no asaase
mu de ayɛ kwan

pemberhantian bis

ɛhyɛn gyinabea

bar

nsanombea

restauran

adidibea

kotak surat

krataa adaka

tanda jalan

kwan ahyɛnsodeɛ

meteran parkir

kaagyinaho meta

kebun binatang

mmoakurabea

kolam renang

nsuo a wɔdware mu

mesjid

masalakyi

pertanian	polusi	kuburan
afuo	ewiem sɛeɛ	nsamanpɔ mu

gereja	tempat bermain	pura
asore	agodibea	hyiadan

pemandangan
asaase

daun
ahaban

penunjuk arah
akyerɛkyerɛkwan

jalanan
kwan

padang rumput
sare asaase

batu
boba

pohon
dua

pejalak kaki
pipo so foronii

sungai
asubɔntene

rumput
nsensan

bunga
nhwiren

lembah

ɛbɔn

bukit

bepɔ

danau

sutadeɛ

hutan

kwaeɛ

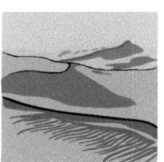

padang gurun

ɛserɛ so

gunung berapi

egya a ɛfiri bepɔ mu ba

istana

ahenfie

pelangi

nyankontɔn

jamur

mmire

pohon palem

abɛdua

nyamuk

ntontom

lalat

wasena

semut

ntatea

lebah

wowa

laba-laba

ananse

kumbang
kukurubibi

kodok
apɔnkyerɛnee

tupai
opuro

landak
kotoko

kelinci
adanko

burung hantu
patuo

burung
anomaa

angsa
dabodabo

babi jantan
kɔkɔte

rusa
wansane

rusa
torɔm

bendungan
sutadeɛ

turbin angin
mframa tɛɛbain

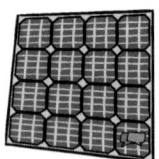

panel surya
adeɛ ɛtwe anyinam ahoden
firi awia mu

iklim
ewiem

restauran

adidibea

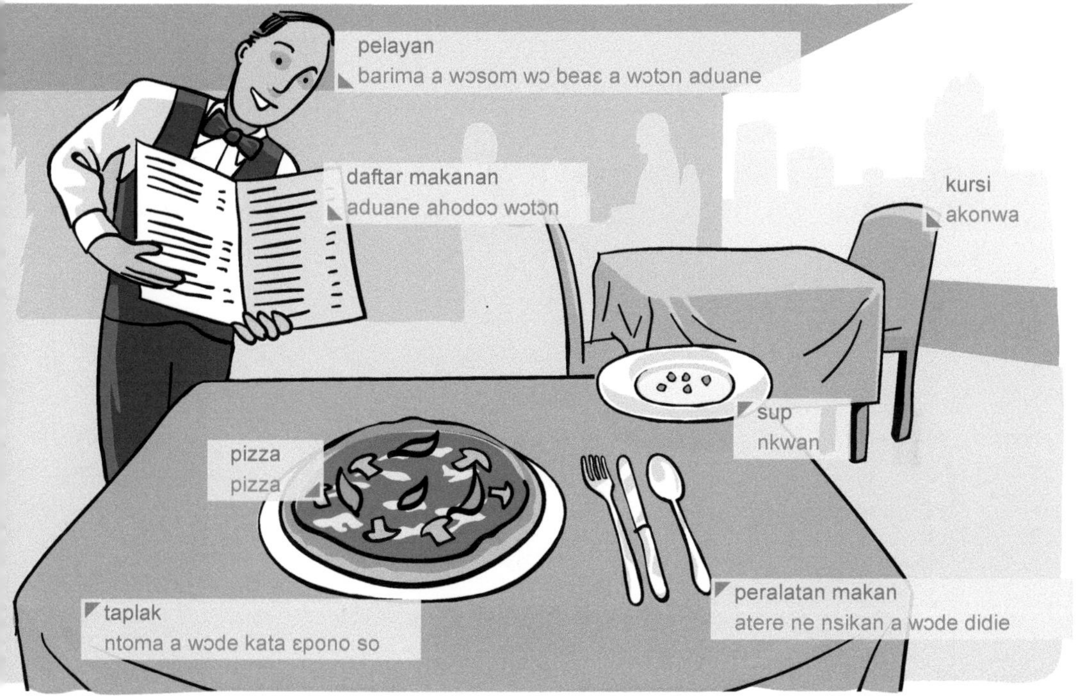
pelayan
barima a wɔsom wɔ beaɛ a wɔtɔn aduane
daftar makanan
aduane ahodoɔ wɔtɔn
kursi
akonwa
sup
nkwan
pizza
pizza
taplak
ntoma a wɔde kata ɛpono so
peralatan makan
atere ne nsikan a wɔde didie

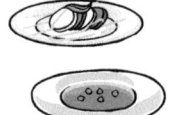

hindangan pembuka

ahyɛaseɛ

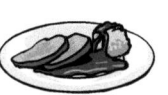

hidangan utama

aduane titriw

hidangan penutup

nnɔkɔnnɔkwade

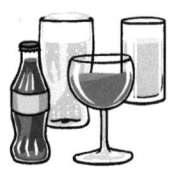

minuman

nsa

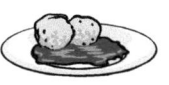

makanan

aduane

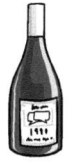

botol

toa

fastfood

aduane wɔyɛ no ɔhare so

masakan jalanan

aduana a ɛyɛ kwan ho

teko teh

tea kukuo

kaleng gula

asikyire kyɛnsen

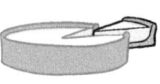

porsi

fa

mesin espresso

espresso afidie

kursi tinggi

akonwa tenten

tagihan

ka krataa

baki

apanpan

pisau

sikanmoa

garpu

adinam

sendok

atere

sendok teh

tea atere

serbet

ntoma a wɔde sɛ pono so

gelas

ahwehwɛ

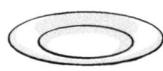

piring

plɛɛte

piring sup

nkwan plɛɛte

lepek

plɛte ketewa

saus

frɔyɛ

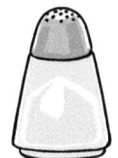

tempat garam

nkyene kukuo

gilingan merica

adeɛ a wɔde twi mako

cuka

vinegar

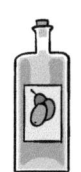

minyak

anwa

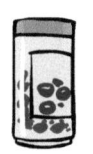

bumbu

atosodeɛ

saus tomat

ketchup

mustar

sinapi aba

mayones

mayonis

supermarket

dwakɛseɛmu

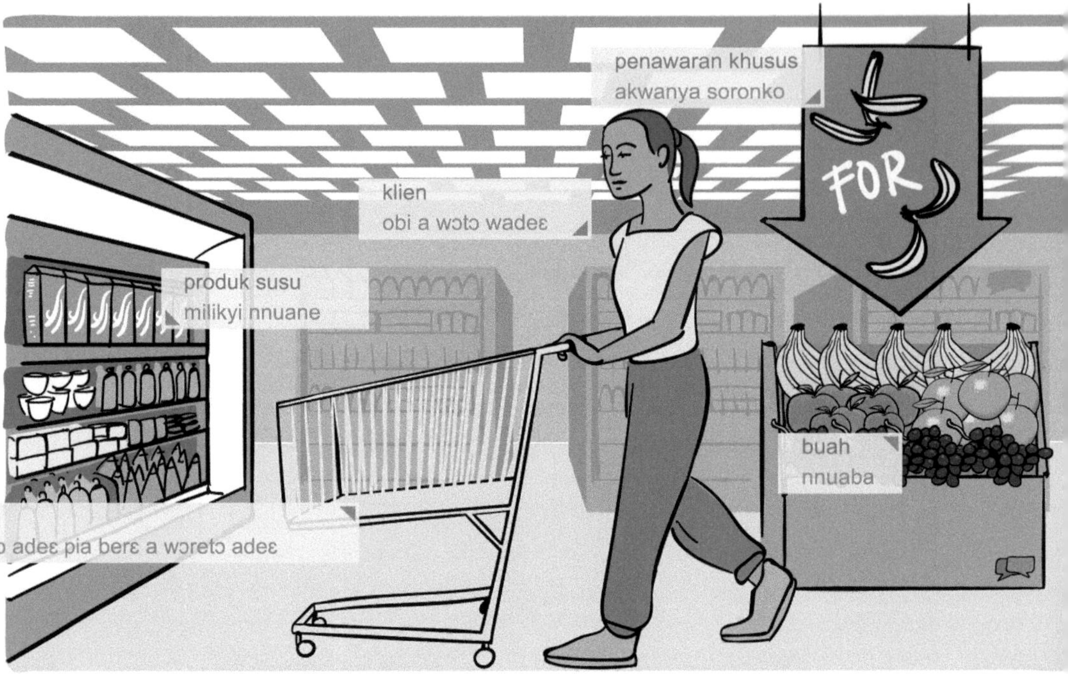

penawaran khusus
akwanya soronko
klien
obi a wɔtɔ wadeɛ
produk susu
milikyi nnuane
FOR
buah
nnuaba
tɔ adeɛ pia berɛ a wɔretɔ adeɛ

BUTCHERS

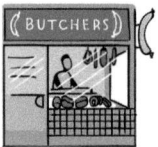

pembantai

nnamtwafo

BAKERY

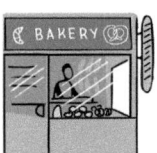

toko roti

brodotofo

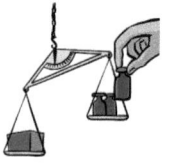

menimbang

susu

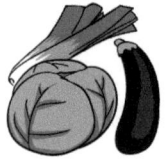

sayur

atosodeɛ

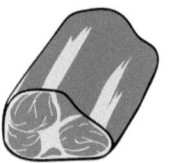

daging

nnam

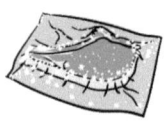

makanan beku

aduane a wɔde ahyɛ sukɔtwea adaka mu

pemotongan dingin

nnam a yɛy nwunu

makanan kaleng

nnuane a ɛwɔ konku mu

sabun serbuk

aduro a wɔde si nnɔɔma

permen

adɔkɔkɔdɔkɔdeɛ

alat-alat rumah tangga

efie nnɔɔma

obat pembersihan

nnuro a wɔde hohoro
nnɔɔma ho

penjual

adetɔni

kasa

adeɛ a wɔgye sika de gu mu

kasir

obi a wɔhwɛ sika so

daftar belanja

nnɔɔma a wobɛtɔ

jam buka

mmerɛ a ɔmo de bue

dompet

kotokuo

kartu kredit

krɛdit kaade

tas

botɔ

kantong plastik

roba botɔ

air
nsuo

jus
aduaba mu nsuo

susu
milikyi

cola
coke

anggur
nsa

bir
beer

alkohol
nsaden

coklat
kookoo

teh
tea

kopi
kɔfe

espresso
espresso

cappucino
cappuccino

pisang

kwadu

apel

aprɛ

jeruk

akutuo

semangka

mɛlɔn

jeruk lemon

akutuo

wortel

karɔt

bawang putih

galeke

bambu

mpampuro

bawang bombai

gyeene

jamur

mmire

kacang

nkateɛ

mi

talia

spagetti

talia

nasi

ɛmo

salat

salad

kentang goreng

kyips

kentang goreng

aborodwomaa w'akye

pizza

pizza

hamburger

hamburger

sandwich

sandwich

sayatan

ntwetwade

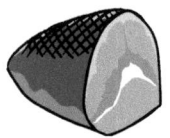

ham

prɛko nam

salami

salami

sosis

sɔsegye

ayam

akokɔnam

menggoreng

toto

ikan

nsuomunam

bubur gandum
oats koko

sereal
muesli

cornflakes
cornflakes

tepung
esam

croissant
croissant

roti
brodo a yabobɔ

roti
brodo

toast
ho

biskuit
biskit

mentega
bɔta

dadih
koko

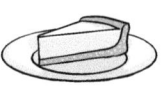

kue
ɔfam

telur
kosua

telur goreng
kosua a yakye

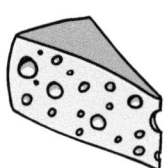

keju
kyeese

eskrim

ise krim

gula

asikyire

madu

ɛwoɔ

selai

ɛam

krim nugat

kyɔkolate a wɔde yɛ aduane
mu

kare

kɔri

pertanian
afuo

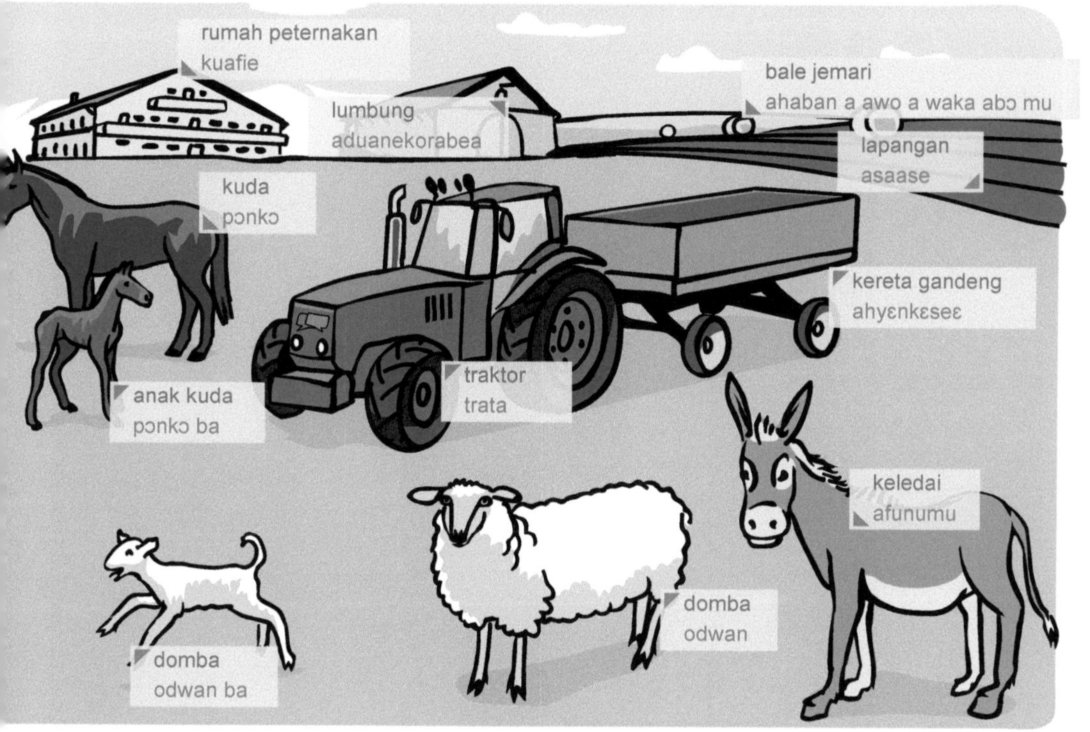
rumah peternakan
kuafie
lumbung
aduanekorabea
bale jemari
ahaban a awo a waka abɔ mu
lapangan
asaase
kuda
pɔnkɔ
kereta gandeng
ahyɛnkɛseɛ
anak kuda
pɔnkɔ ba
traktor
trata
keledai
afunumu
domba
odwan
domba
odwan ba

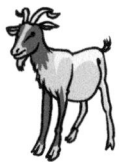

kambing

apɔnkye

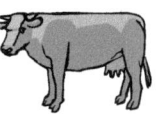

sapi

nantwie

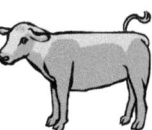

betis

nantwie ba

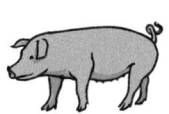

babi

prɛko

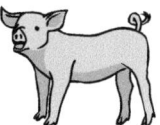

celeng

prɛko ba

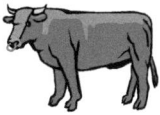

banteng

nantwinini

angsa
dabodabo

bebek
dabodabo

anak ayam
akokɔba

ayam
akokɔbedeɛ

ayam jantan
akokɔnini

tikus
akura

kucing
agyinamoa

tikus
akura

lembu
nantwi

anjing
ɔkraman

rumah anjing
kramanfie

selang
drobɛn a wɔde nsuo fa mu
gugu nnɔɔma so

penyiram
toa wɔde nsuo gu mu de
gugu nnɔɔma so

sabit
kantankrankyi

bajak
afidie a wɔde funtum
asaase ani

sabit

sɔsɔwa

cangkul

asɔ

garpu rumput

fɔɔki kɛseɛ

kapak

akuma

gerobak

hweebaro

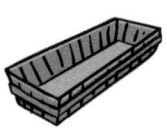

palung

adea mmoa didi mu

kaleng susu

milikyi konku

karung

kotoku

pagar

ɛban

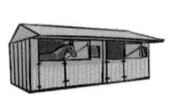

kandang

mmoa dan

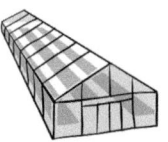

rumah kaca

nnuaba dan mu

tanah

anwea

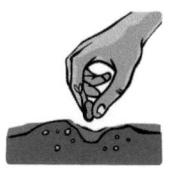

benih

aba

pupuk

nnuro a wɔde gu mfudeɛ ho

mesin pemanen

nnuanetwa kaa kɛse

panen

twa

panen

mfudeɛ

yams

bayerɛ

gandum

ayuo

kedelai

soya

kentang

aborɔdwomaa

jagung

aburo

lobak

rapedua aba

pohon buah

aduaba dua

singkong

bankye

sereal

aburo aduane

rumah
efie

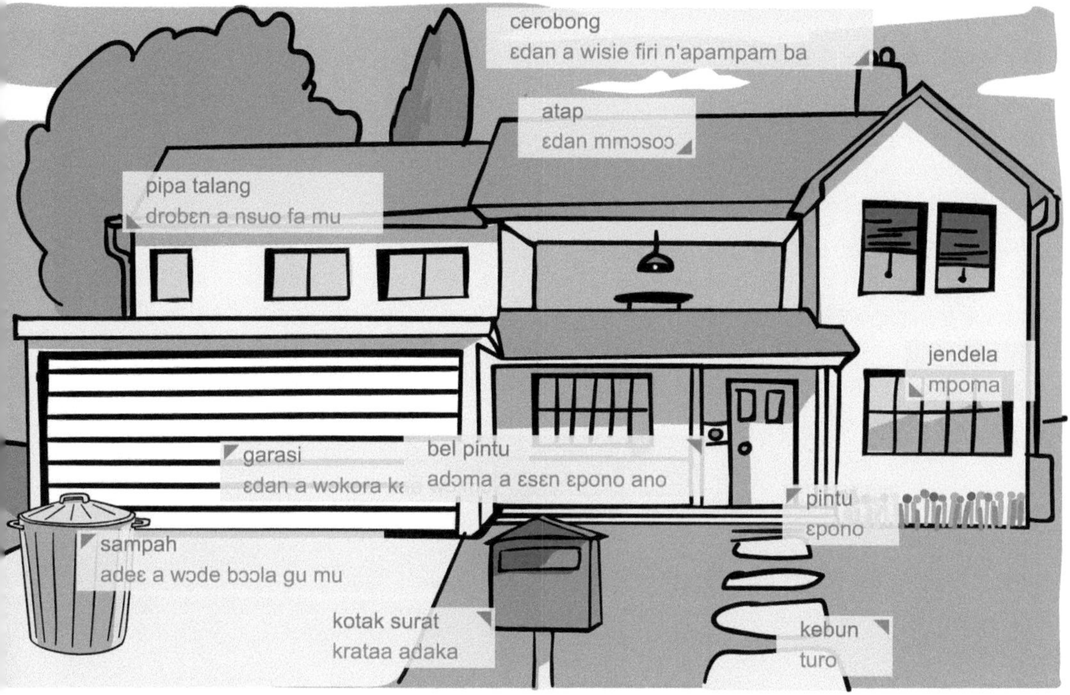

cerobong
ɛdan a wisie firi n'apampam ba
atap
ɛdan mmɔsoɔ
pipa talang
drobɛn a nsuo fa mu
jendela
mpoma
garasi
ɛdan a wɔkora kɛ
bel pintu
adɔma a ɛsɛn ɛpono ano
pintu
ɛpono
sampah
adeɛ a wɔde bɔɔla gu mu
kotak surat
krataa adaka
kebun
turo

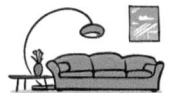

ruang tamu

ɛdan a wɔtena mu

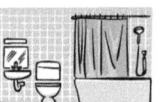

kamar mandi

adwareɛ

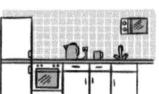

dapur

gyaade

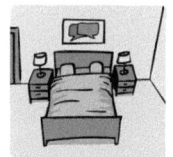

kamar tidur

piam

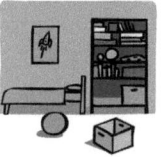

kamar anak

abɔfra dan mu

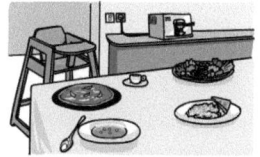

kamar makan

ɛdan a wɔdidi wɔ mu

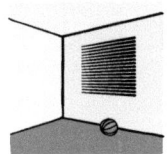

lantai

fam

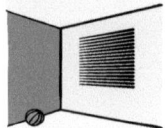

tembok

ɛban

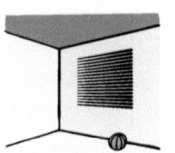

atap

siilin

gudang di bawah tanah

ɛdan a ɛhyɛ fam

sauna

beaɛ a wɔkɔto hyew

balkon

pɔɔkye

teras

asaase a wafuntum na
wɔde dua nnɔbaeɛ

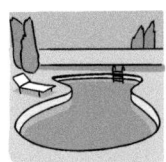

kolam renang

nsuo a wɔdware mu

mesin pemotong rumput

afidie a wɔde dɔ

sprei

krataa

selimut

nnasoɔ

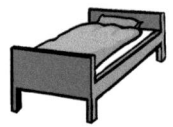

tempat tidur

mpa

sapu

praeɛ

ember

bɔkiti

tombol

deɛ wɔde sɔ kanea

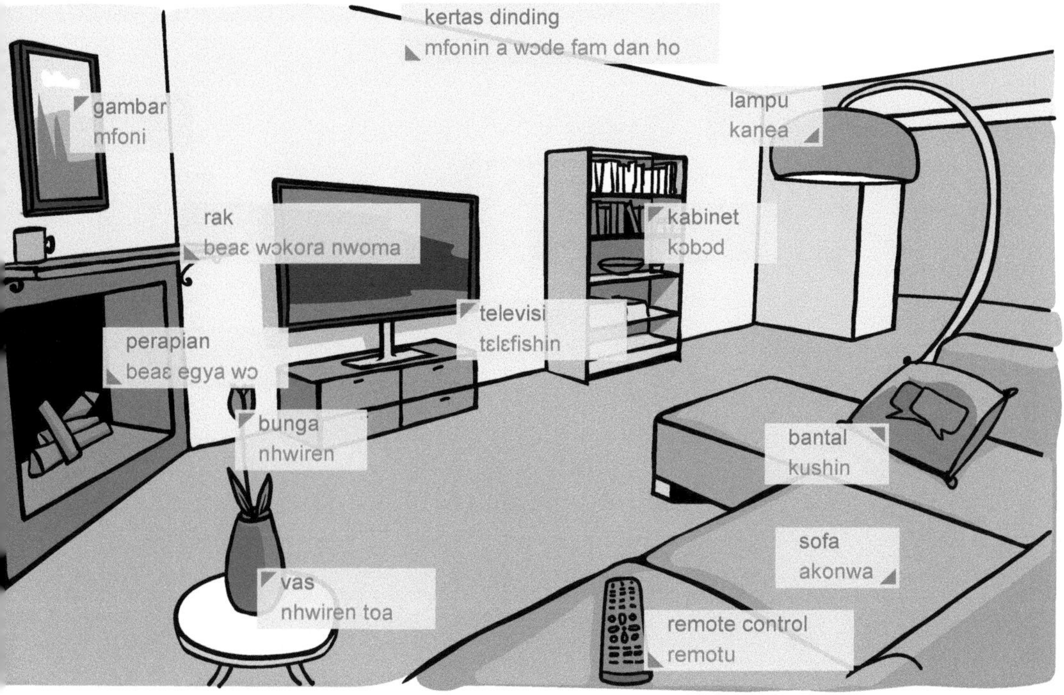

kertas dinding
mfonin a wɔde fam dan ho

gambar
mfoni

lampu
kanea

rak
beaɛ wɔkora nwoma

kabinet
kɔbɔd

perapian
beaɛ egya wɔ

televisi
tɛlɛfishin

bunga
nhwiren

bantal
kushin

sofa
akonwa

vas
nhwiren toa

remote control
remotu

karpet
kapɛt

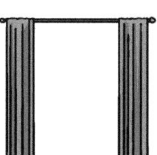

korden
kɛtin

meja
pono

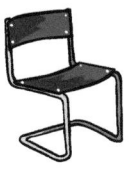

kursi
akonwa

kursi goyang
akonwa aa ɛkɔ anim ne akyi

kursi malas
nsaakonwa

buku

nwoma

selimut

kuntu

dekorasi

beaɛ asiesie

kayu bakar

egya

filem

mfoni

hi-fi

hi-fi afidie

kunci

safoa

koran

dawurubɔ krataa

lukisan

akaado

poster

mfoni

radio

akasanoma

buku tulis

nwoma a wɔtwerɛ nsɛmpɔ
gu mu

penyedot debu

afidie a wɔde pra mfuturo

kaktus

cactus

lilin

kandele

dapur
gyaade

kulkas
asukɔtwea adaka
mesin pemanggang
maikrowaef
timbangan
adeɛ wɔde susu adeɛ bi mu duru a ɛyɛ
pemanggang roti
adeɛ wɔde to paano
deterjen
samina
kompor
adeɛ wɔde to paano
lemari es
asukɔtwea adaka a ano yɛ den
sampah
adeɛ a wɔde bɔɔla gu mu
mesin pencuci piring
adeɛ a wɔde hohoro nkyɛnsen mu

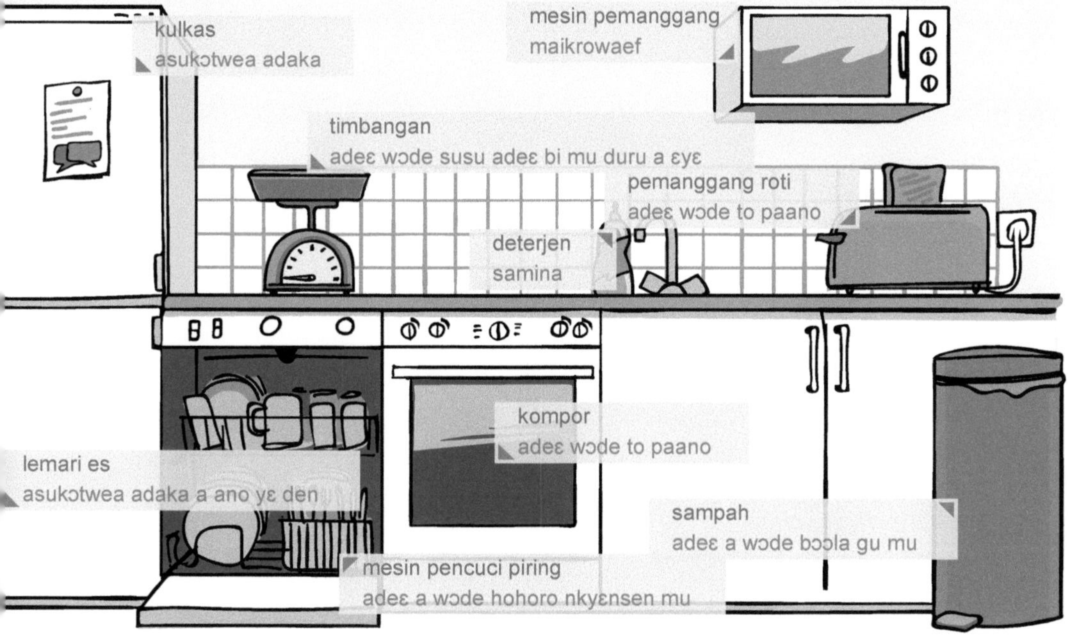

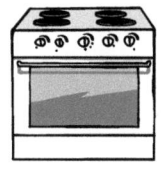

kompor

adeɛ a wɔde noa aduane

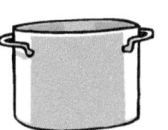

panci

kukuo

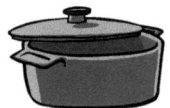

panci besi

dadesɛn

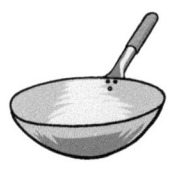

wajan

wok / kadai

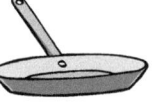

panci

pan

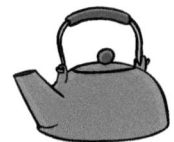

pemanas air

adeɛ wɔde noa nsuo

panci pengukus makanan

nea yɛde ka aduane hye

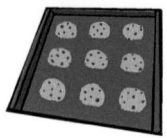

nampan

adeɛ wɔto so paano

piring

nkyɛnsen a wɔdidi mu

cangkir

kuruwa

mangkok

kyɛnsen

sumpit

nnua a wɔde didie

sendok sup

kwantere

sudip

atere

mengocok

adeɛ wɔde nu adeɛ mu

saringan

sɔneɛ

saringan

sɔneɛ

parutan

adeɛ a wɔde twi adeɛ

mortir

waduro

barbeque

adeɛ a wɔde toto nam

api terbuka

egya a biribiara mmɔ ho ban

papan memotong

εε a wɔtwitwa so nnɔɔma

gilingan

adea wɔde twi nnɔɔma

alat pembuka botol

adeɛ a wɔde tu toa ano

kaleng

konku

pembuka kaleng

adeɛ wɔde bie konku so

pegangan panci

nea yɛde sɔ kukuo mu

wastafel

deɛ a wɔhohoro nkyɛnse
wɔ mu

sikat

adeɛ a wɔde twitwi

busa

sapɔ

mesin pencampur

fidie wɔde yam nnuane

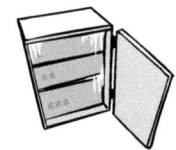

lemari es

asukɔtwea adaka a ano yɛ
den

botol bayi

abɔfra toa

keran

nsuo

dapur - gyaade   37

kamar mandi
adwareɛ

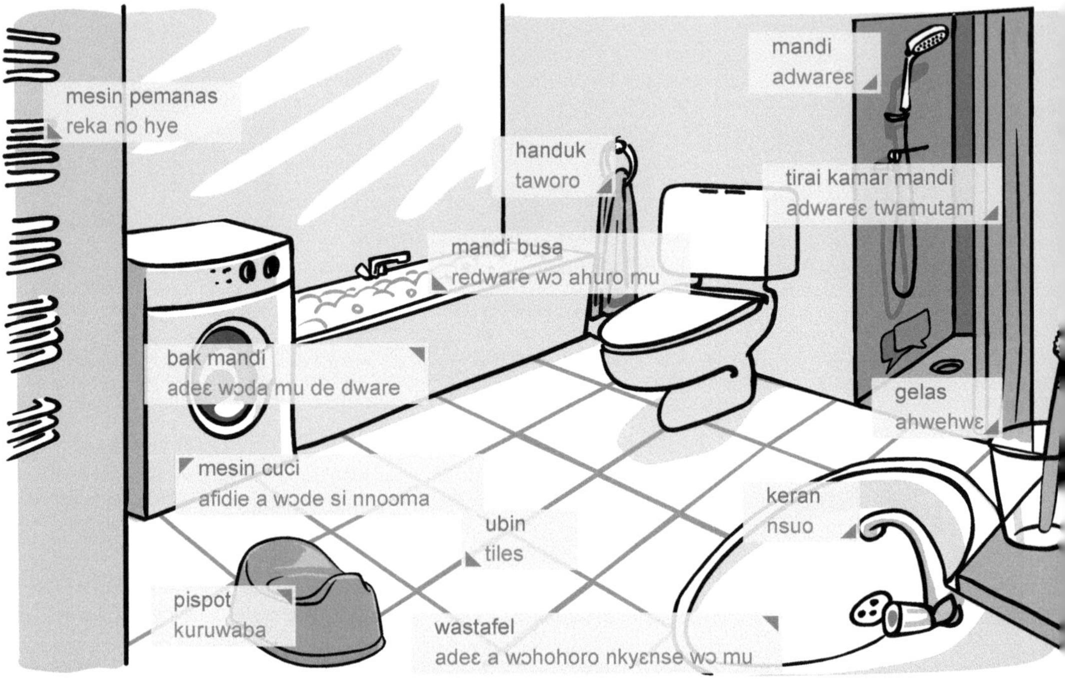

mandi
adwareɛ
mesin pemanas
reka no hye
handuk
taworo
tirai kamar mandi
adwareɛ twamutam
mandi busa
redware wɔ ahuro mu
bak mandi
adeɛ wɔda mu de dware
gelas
ahwehwɛ
mesin cuci
afidie a wɔde si nnoɔma
keran
nsuo
ubin
tiles
pispot
kuruwaba
wastafel
adeɛ a wɔhohoro nkyɛnse wɔ mu

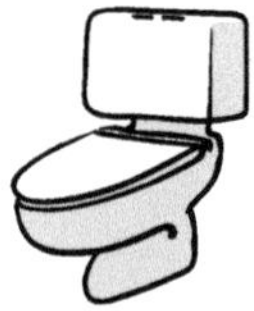

toilet

agyananbea

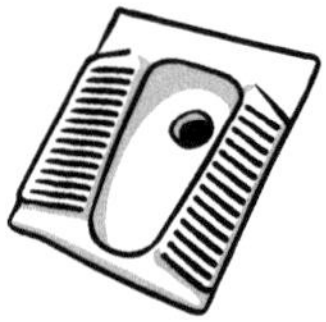

toilet jongkok

agyananbea a wɔkotoso

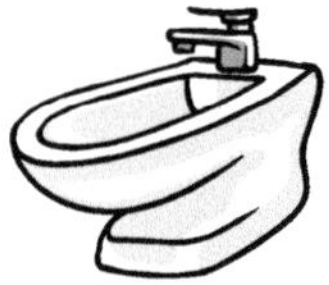

bidet

bidet

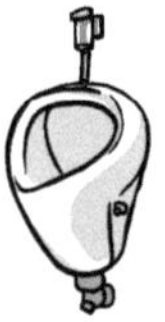

pissoir

dwonsɔbea

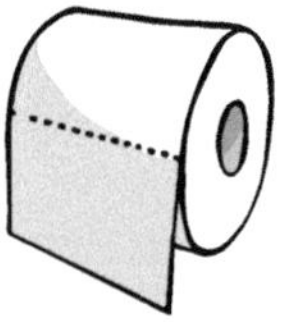

kertas toilet

tiafi krataa

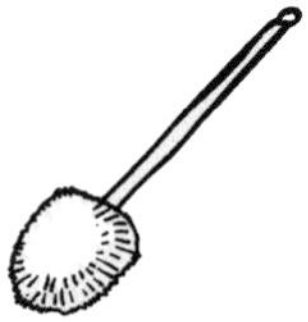

sikat toilet

adeɛ a wɔde twitwi agyanbea

sikat gigi

adeɛ wɔde twitwiri ɛse

pasta gigi

aduro wɔde twitwiri ɛse

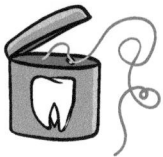

benang gigi

adeɛ wɔde yiyi ɛse ntam

menyuci

si

pancuran tangan

adeɛ wɔsɔ mu de dware

pancuran

adeɛ nsuo fa mu na wɔde
hohoro mmaa ase

bak

adeɛ wɔsi nnooma wɔ mu

sikat punggung

adeɛ wɔde twitwi yakyi

sabun

samina

gel mandi

adwareɛ samina

sampo

deɛ wɔde hohoro tirinwii mu

planel

ntoma wɔde asaawa na ayɛ

kuras

nsuokwan

krim

nkuu

deodoran

aduro a wɔde fa mmɔtoamu

kaca

ahwehwɛ

cermin tangan

ahwehwɛ kumaa

pisau cukur

yiwan

busa cukur

aduro a wɔde yi

aftershave

aduro a wɔde sera beaɛ
wayi

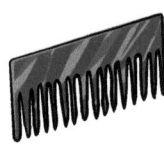

sisir

afe

sikat

brɔsh

alat pengering rambut

afidie a wɔde ka nwii ma no
wo

semprot rambut

adeɛ wɔde aduro gu mu de
gu nwii so

makeup

adeɛ wɔde yɛn wɔn anim

lipstik

adeɛ wɔde keka ano

cat kuku

aduro a wɔde ka mmɔwerɛ
so

kapas

asaawa

gunting kuku

apasoɔ a wɔde twitwa
mmɔwerɛ

minyak wangi

aduham

kantong pencuci

aage a wɔde nnooma gu
mu wɔ adwareɛ

bangku

akonwa

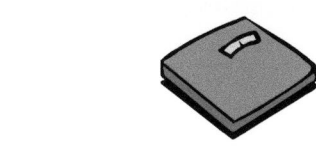

timbangan

afidie a wɔde susu adeɛ bi
mu duro

mantel mandi

ataadeɛ wɔhyɛ berɛ a
worekɔdware

sarung tangan karet

adeɛ wɔde hyɛ wɔn nsa a
wɔde rɔba na ayɛ

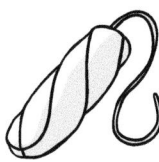

tampon

adeɛ wɔde twe nsuo firi
pirakuro mu

handuk pembalut

ɛ mmaa de siesie wɔn ho
berɛ wɔn abu wɔn nsa

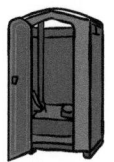

toilet kimia

agyananbea a wɔde nnuro
kora

kamar anak

abɔfra dan mu

jam alarm
berɛkyerɛfoɔ a ɛtumi yɛ dede
boneka tidur
agodiaba a wɔde to wɔn nkyɛn da
mobil-mobilan
kaa agodiaba
kelintung
akasaa
rumah boneka
beaɛ a wɔtɔn agodiaba pii
kado
akyedeɛ

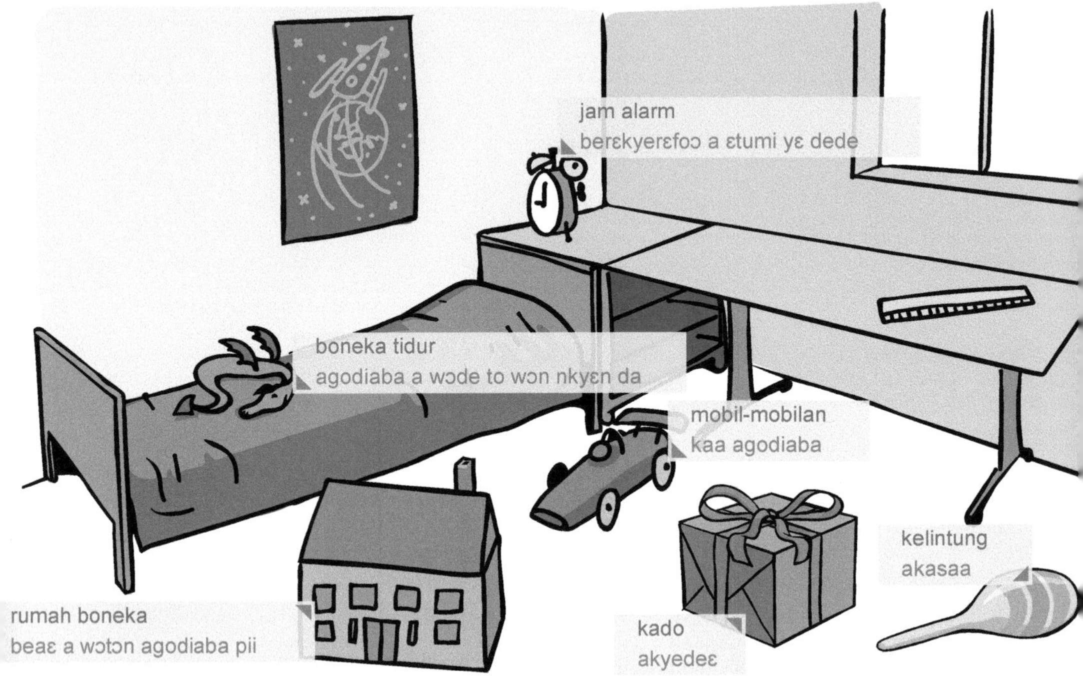

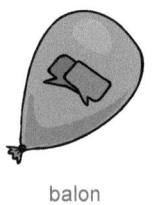

balon

baluu

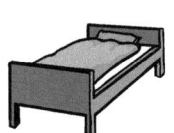

tempat tidur

mpa

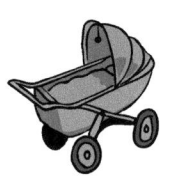

kereta bayi

adeɛ a wɔde mmɔfra to mu pia wɔn

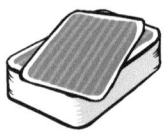

mainan kartu

nkrataa a ɛhyɛ adaka mu

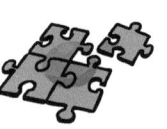

teka-teki

mfonin asiniasini a wɔkeka si ani hyehyɛ

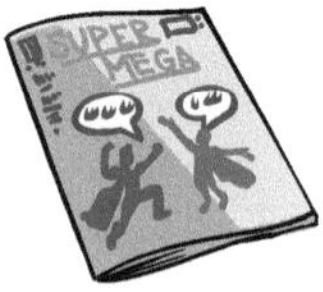

komik

mmɔfra aseresɛm nwoma

mainan lego

lego bricks

blok mainan

blɔks a wɔde si dan

figur aksi

mmɔfra agodiaba

baju monyet

mɔfra ataade a wɔayɛ abɔ
mu

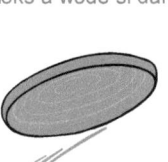

frisbee

frisbee

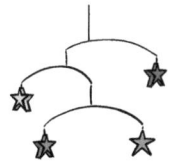

mobile

agodiaba a wɔde sensɛne
mmɔfra mpa so

permainan papan

agorɔ a ɛwɔ pono so

dadu

ludu aba

set model kreta api

ketekye ketewa

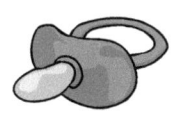

dot

adeɛ a wɔde hyɛ mmɔfra
anumu

pesta

apontoɔ

buku gambar

krataa mfonin wɔ mu

bola

bɔɔlo

boneka

agodiaba

bermain

di agorɔ

tempat main pasir

adeɛ wɔde anwea agu mu a mmɔfra di mu agorɔ

ayunan

adonko

mainan

agodiaba

video game konsol

afidie abɛɛfo agodie wɔ so a wɔbɔ

sepeda roda tiga

dadepɔnkɔ a ne nan yɛ mmiensa

teddy

sisire agodiaba

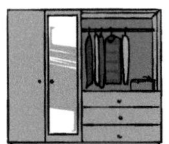

lemari pakaian

wɔdrop

pakaian

ataadeɛ

kaos kaki

adeɛ a wɔhyɛ ansa na wahyɛ mpaboa

kaos kaki

ataade tenten a wɔhyɛ wɔ wɔn nan ho

baju ketat

ataadeɛ a ɛkyekyere deɛ wahyɛ no

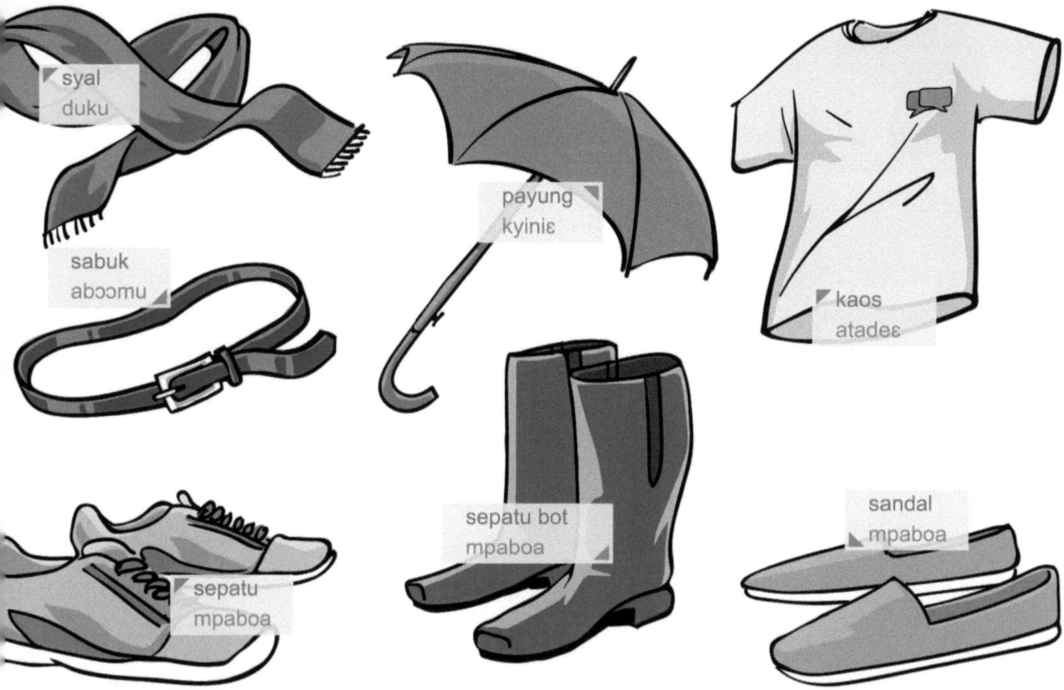

syal
duku

payung
kyiniɛ

kaos
atadeɛ

sabuk
abɔɔmu

sepatu bot
mpaboa

sandal
mpaboa

sepatu
mpaboa

sandal

mpaboa

sepatu

mpaboa

sepatu bot karet

rɔba mpaboa

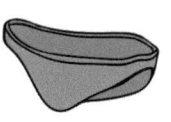

celana dalam

drɔs

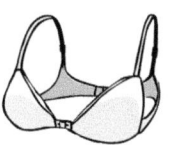

BH

adeɛ mmaa hyɛ de kora
wɔn nufu

baju rompi

fɛst

pakaian - ataadeɛ

45

body

nipadua

celana

trɔsa

jeans

gyins

rok

skɛɛte

blus

mmaa ataade soro

kemeja

ataadesoro

aket berkerudung

swata

sweater

ataadeɛ a ɛkyɛ wɔ mu

jaket

kootu

jaket

ataade ngusoɔ

mantel

kootu

jas hujan

ataadeɛ wɔhyɛ berɛ nsuo retɔ

kostum

ataadehyɛ

gaun

ataadeɛ

gaun pengantin

ayifrɔ atadeɛ

setelan resmi

ataade nkatasɔɔ

gaun tidur

ataadeɛ a yɛhyɛ de da

piyama

pigyamas

sari

sari

jilbab

duku

turban

duku

burka

taadeɛ Nkramofoɔ mmaa
yɛ na ɛkata wɔn tiri so de
kɔsi wɔn nan ase

kaftan

kaftan

abaya

abaya

pakaian renang

taadeɛ a wɔhyɛ de dware
nsuo mu

celana renang

nika

celana pendek

nika

olah raga

traksuit

celemek

ntoma a wɔde kata wɔn
kɔnmu berɛ wɔreyɛ aduane

sarung tangan

adeɛ wɔde hyɛ wɔn nsa

kancing
batin

kacamata
ahwehwɛniwa

gelang
adeɛ wɔde to wɔn nsa

kalung
kɔnmuade

cincin
kawa

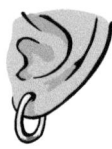

anting
asomadeɛ

topi
ɛkyɛ

gantungan mantel
adeɛ a wɔde kootu hyɛ so

topi
ɛkyɛ

dasi
abɔɔmenemu

ritsleting
zip

helm
ɛkyɛ a wɔhyɛ de twi
motosakre

tali selempang
bresis

seragam sekolah
sukuu ataadeɛ

seragam
ataadeɛ

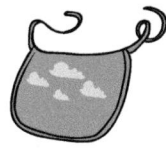

oto

eɛ a wɔde gu abɔfra kɔn mu berɛ a wɔredidi

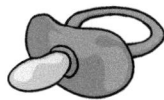

dot

adeɛ a wɔde hyɛ mmɔfra anumu

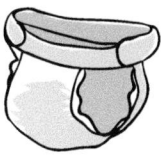

popok

moase tam

kantor

ɔfise

server
sɛva
lemari arsip
adaka a yɛde nkrataa hyɛhyɛ mu
pencetak
printa
kertas
krataa
layar
mɔnita
mouse komputer
mouse
meja kerja
pono
tempat pengarsipan
nwoma a wɔde nkrataa hyehyɛ mu
papan tombol
keebɔdo
kursi
akonwa
a ayɛ a wɔde nwura gu mu
computer
kɔmputa

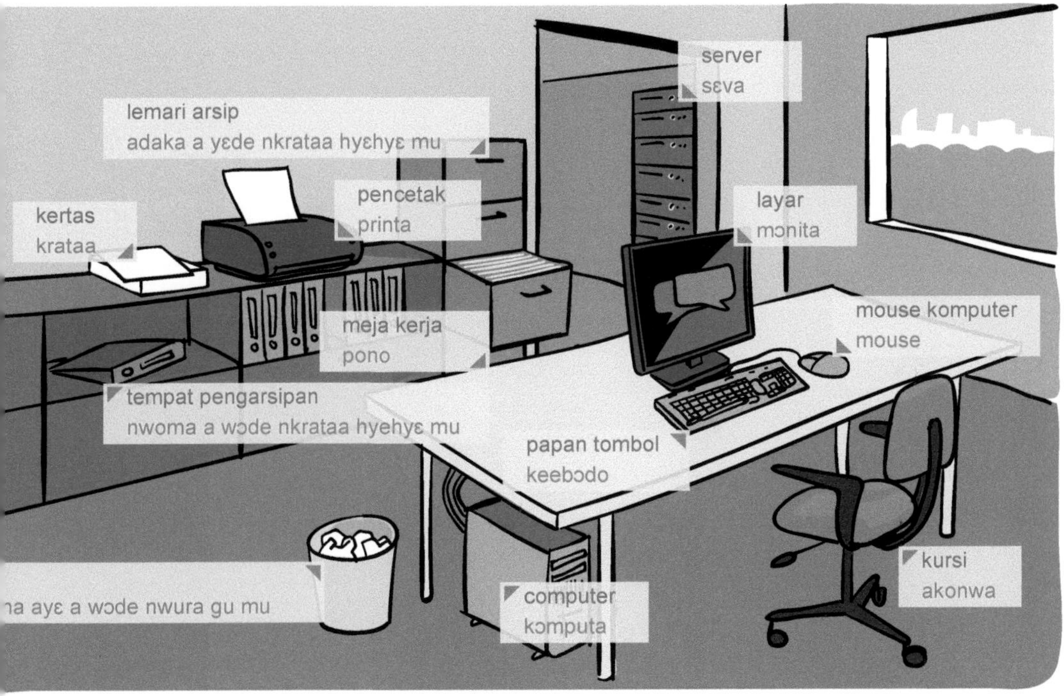

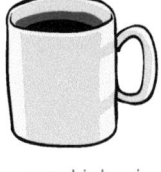

cangkir kopi

kɔfe kuruwa

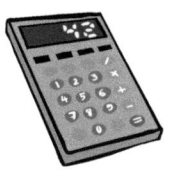

kalkulator

afidie a wɔde bu nkonta

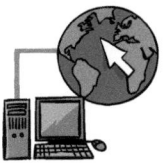

internet

intanɛt

laptop	surat	pesan
laptɔp	krataa	nkratoɔ

telepon seluler	jaringan	fotokopi
mobile	nɛtwɛk	fotokɔpia

software	telepon	plug soket
sɔftwɛɛ	tetefon	plɔg sɔkɛti

	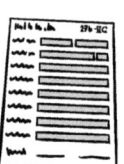	
mesin fax	formulir	dokumen
fax afidie	krataa	krataa

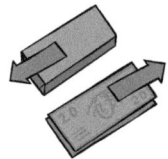

membeli

tɔ

membayar

tua

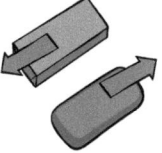

berdagang

tɔn

uang

sika

Dollar

dollar

Euro

euro

Yen

yen

Rubel

rouble

Franc Swiss

Swiss franc

Renminbi Yuan

renminbi yuan

Rupiah

rupee

ATM

sikabea

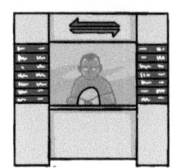

kantor pertukaran mata uang

baabi aa yɛsesa

emas

sikakɔkɔɔ

perak

dwetɛ

minyak

ngo

energi

ahoɔden

harga

ne boɔ

kontrak

nteaseɛ a ɛwɔ krataa so

pajak

ɛtoɔ

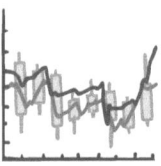

saham

stock

bekerja

yɛ adwuma

karyawan

odwumayɛni

majikan

obi a wafa obi adwumamu

pabrik

afidihyehyɛbea

toko

beaɛ a wɔtɔn adeɛ

petugas polisi
polisini

pemadam kebakaran
gyadumni

pemasak
obi a wɔnoa aduane

dokter
dɔkota

pilot
obi a wɔtwi ewiemhyɛn

tukan kebun

kuani

tukang kayu

nnuaseni

penjahit wanita

ɔbaa a wɔpam adeɛ

hakim

otɛnmuani

ahli kimia

dufrani

aktor

siniyifoɔ

sopir bis

hyɛnkani

sopir taksi

taxi drɔba

nelayan

ɔfarifo

pembantu

ɔbaa wɔpopa beaɛ

tukang atap

obi a wɔbɔ dan so

pelayan

barima a wɔsom wɔ beaɛ a
wɔtɔn aduane

pemburu

ɔbɔmɔfo

pelukis

obi wɔde akaado keka ɛden
ne nnooma aka ho

tukang roti

brodotofo

tukang listrik

obi a wɔyɛ nkaneɛ ho
adwuma

pembangun

dansifo

insinyur

obi a wɔyɛ mfidie akɛseɛ ho
adwuma

tukang daging

namtɔnfo

tukang ledeng

obi a wɔhyehyɛ drobɛn a
nsuo fa mu

tukang pos

obi a wɔde nkrataa a
amanfoɔ atwerɛ soma no

tentara

ɔsrani

arsitek

obi a wɔyɛ adansie ho adwuma

kasir

obi a wɔhwɛ sika so

penjual bunga

obi a wɔtɔn nhwiren

penata rambut

obi a wɔyɛ tire

konduktor

deɛ wɔgyegye sika wɔ ɛhyɛn mu

montir

obi a wɔsiesie ɛhyɛn

kapten

panin

dokter gigi

dɔkota a wɔhwɛ se

ilmuwan

abodeɛmu nyasapɛni

rabbi

ɔkyerɛkyerɛni

imam

imam

biarawan

monk

pendeta

sofo

alat
akadeɛ

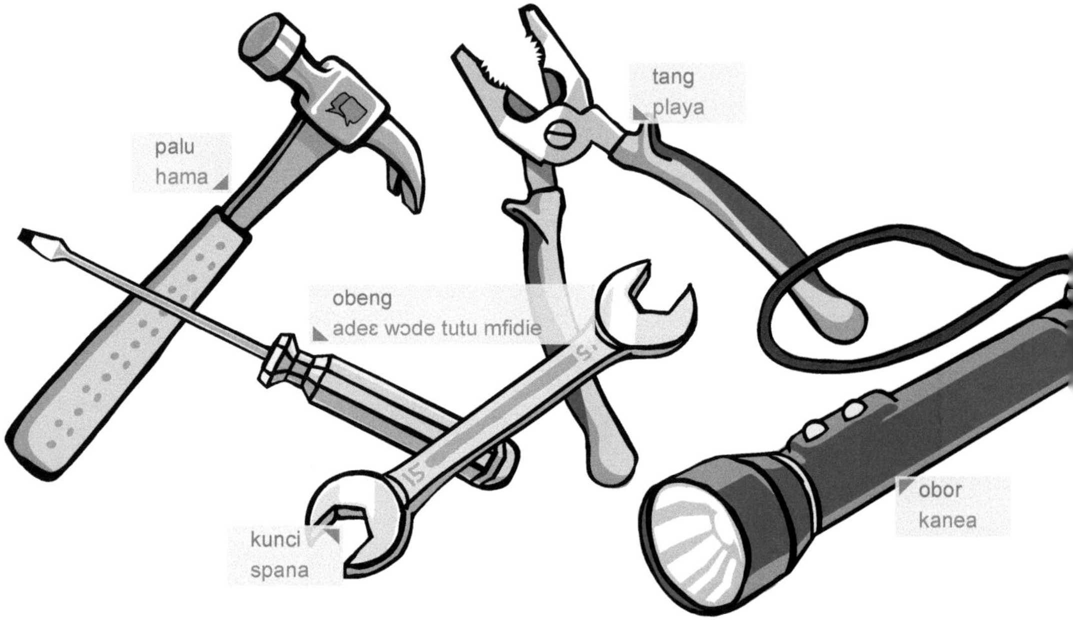
tang
playa
palu
hama
obeng
adeɛ wɔde tutu mfidie
kunci
spana
obor
kanea

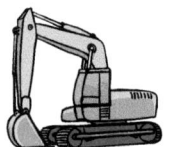

penggali

afidie a wɔde tu fam

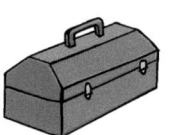

tas perkakas

adaka a wɔde nnoɔma a wɔde yɛ adwuma gu mu

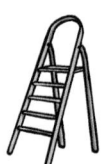

tangga

atwedeɛ

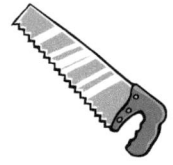

gergaji

sradaa

paku

nnadowa

bor

afidie a wɔde mmia nnoɔma mu

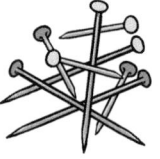

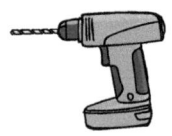

perbaikan
siesie

sekop
sɔfi

Sialan!
Yieee!

cikrak
asesa nwura

pot cat
akaado kora

sekrup
dadeɛ wɔde bobɔ nnoɔma mu

alat musik
mfidie a wɔde bɔ nnwom

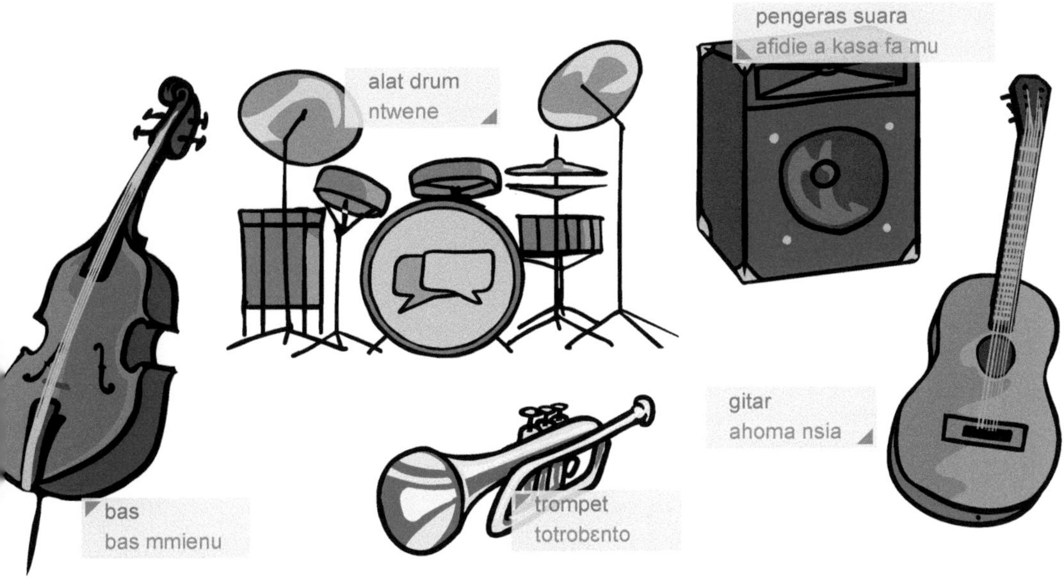

pengeras suara
afidie a kasa fa mu

alat drum
ntwene

gitar
ahoma nsia

bas
bas mmienu

trompet
totrobɛnto

piano

sankuo

violin

sankuo

bass

ahoma nsia

tambur

timpani

drum

ntwene

keyboard

sankuo

saksofon

sasofon

suling

trobɛnto

mikrofon

akasanoma

kebun binatang
mmoakurabea

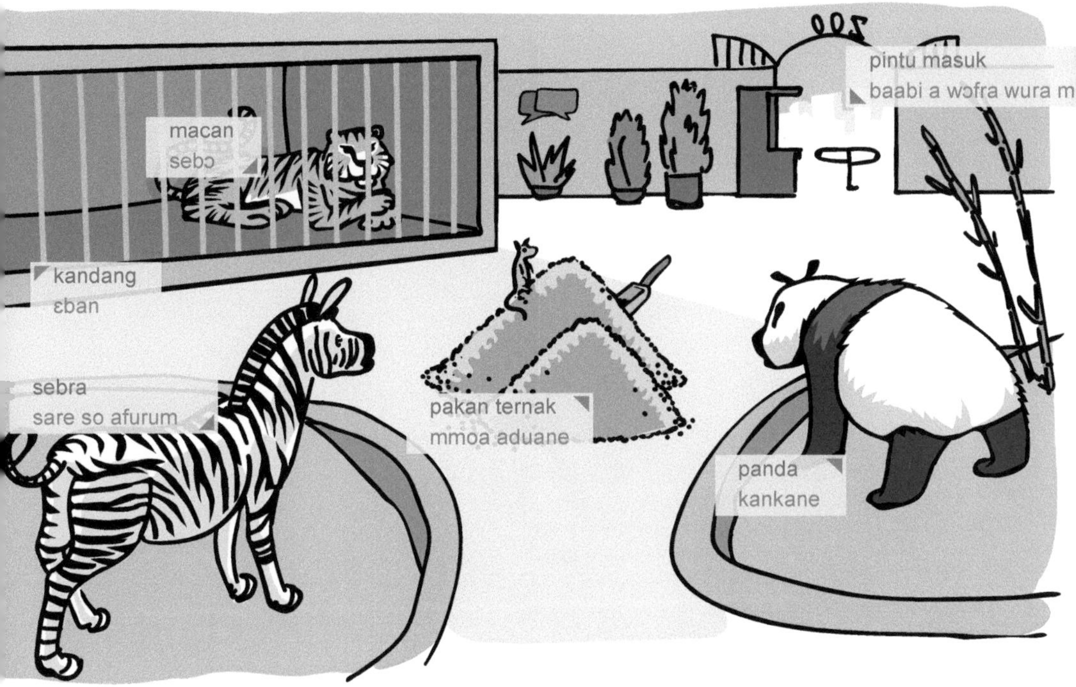
pintu masuk
baabi a wɔfra wura m
macan
sebɔ
kandang
ɛban
sebra
sare so afurum
pakan ternak
mmoa aduane
panda
kankane

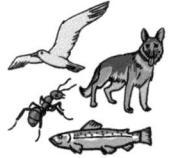

hewan

mmoa

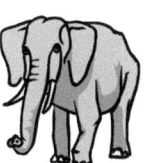

gajah

ɔsono

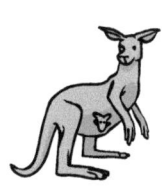

kanguru

kangaroo

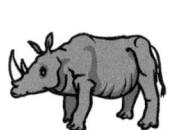

badak

bɛnkorɔ

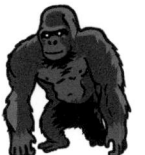

gorila

akaatia

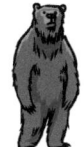

beruang

sisire

unta

yoma

burung unta

sohori

singa

gyata

monyet

kontromfi

flamingo

asukɔnkɔn

burung beo

ako

beruang polar

sisire

penguin

penguin

hiu

oboodede

merak

kohaa

ular

ɔwɔ

buaya

dɛnkyɛm

penjaga kebun binatang

mmoasohwɛfo

segel

sukraman

jaguar

sebɔ

kuda poni

pɔnkɔ ketewa

macan tutul

etwie

kuda nil

susono

jerapah

kɔntenten

burung elang

ɔkɔdeɛ

babi jantan

kɔkɔte

ikan

nsuomunam

kura-kura

sudanda

anjing laut

sukraman

rubah

sakraman

kijang

adowa

american football
Amerika bɔɔlo

naik sepeda
dadepɔnkɔ twie akansie

tennis
tɛnɛs

basketbal
baskɛtbɔɔlo

bernang
nsuo dwareɛ

tinju
akutrukubɔ

hoki es
hɔki a wɔbɔ no wɔ asuk

sepak bola
bɔɔlo

badminton
badminton

atletik
mmirikatuo

bola tangan
nsa bɔɔlo

main ski
asukɔtwea so agorɔ

polo
polo

aktivitas
dwumadie ahodoɔ

ketawa
sre
meloncat
huri
memeluk
fam
berjalan
nante
menyanyi
to nwom
mengimpi
so daeɛ
berdoa
bɔ mpaeɛ
mencium
fe ano

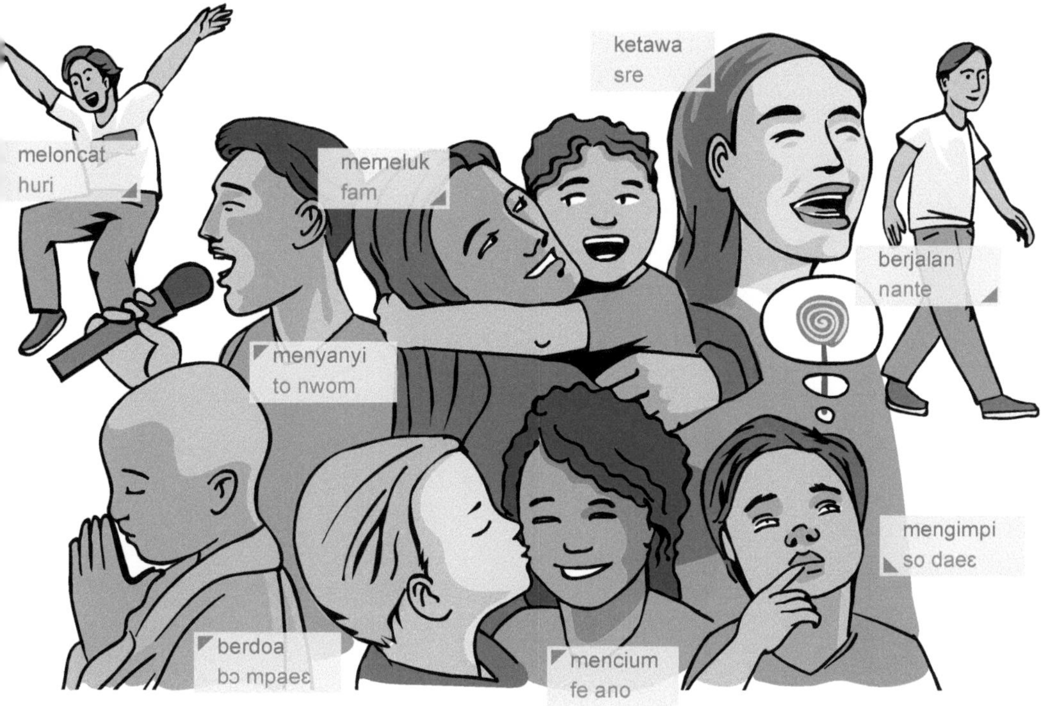

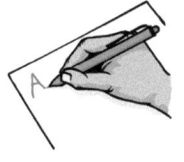

menulis

twerɛ

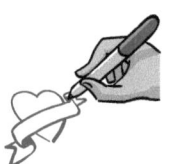

melukis

dwidwi

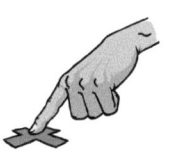

menunjuk

kyerɛ

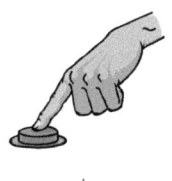

mendorong

pia

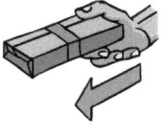

memberikan

ma

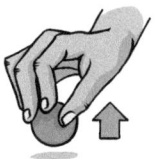

mengambil

fa

mempunyai
gye

melakukan
yɛ

adalah
yɛ

berdiri
gyina

berlari
tu mirika

menarik
twe

melempar
to

jatuh
tɔ fam

tidur
twa ntorɔ

menunggu
twɛn

membawa
soa

duduk
tena ase

berpakaian
hyɛ atadeɛ

tidur
da

bangun
sɔre

melihat

hwɛ

menangis

su

mengelus

fa wo nsa fefa ho

menyisir

nunu wotirim

berbicara

kasa

mengerti

te aseɛ

menanyak

bisa

mendengar

tie

minum

nom

makan

didi

merapikan

siesie

cinta

dɔ

memasak

noa

menyetir

ka kaa

terbang

tu

berlayar

ka

menghitung

bo ho nkonta

membaca

kan

belajar

sua

bekerja

yɛ adwuma

menikah

ware

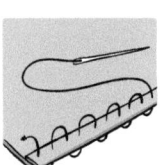

menjahit

pam

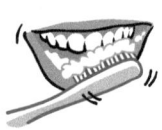

sikat gigi

twitwi wo se

membunuh

kum

merokok

hye

kirim

soma

keluarga
abusua

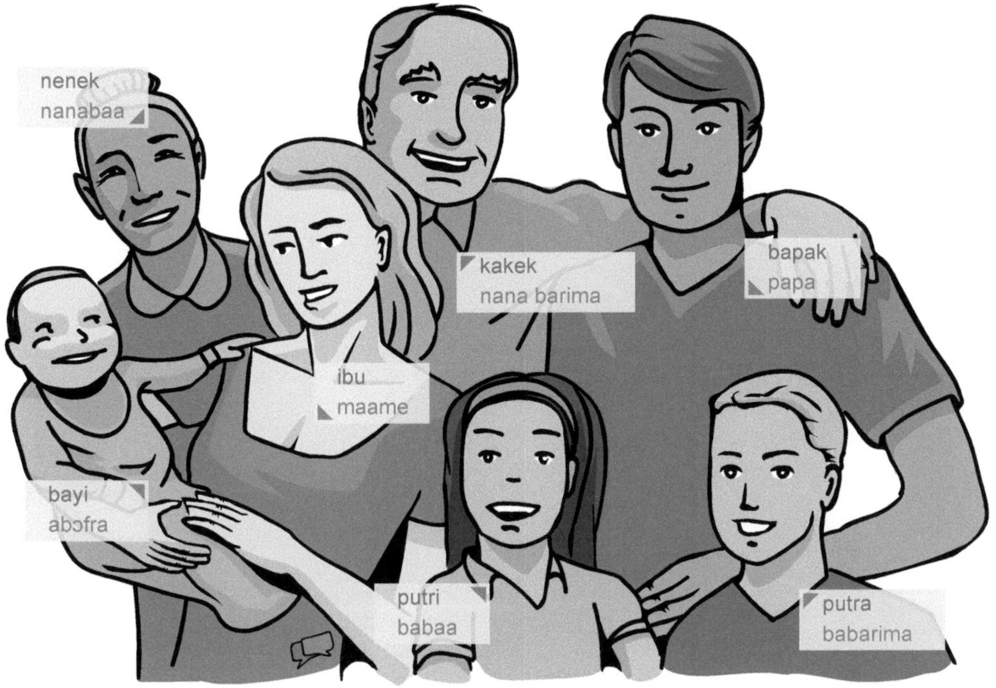

nenek
nanabaa
kakek
nana barima
bapak
papa
ibu
maame
bayi
abɔfra
putri
babaa
putra
babarima

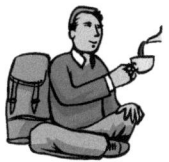

tamu

ɔhɔhoɔ

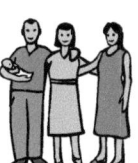

bibi

sewaa

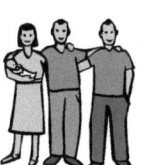

paman

wɔfa

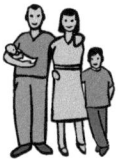

kakak laki

nua barima

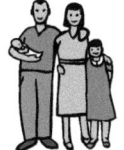

kakak perempuan

nuabaa

badan

nipadua

dahi
moma
mata
ani
bahu
abatire
jari
nsatea
muka
anim
dagu
abodweɛ
tangan
nsa
kaki
nan
payudara
nufuo
lengan
abasa

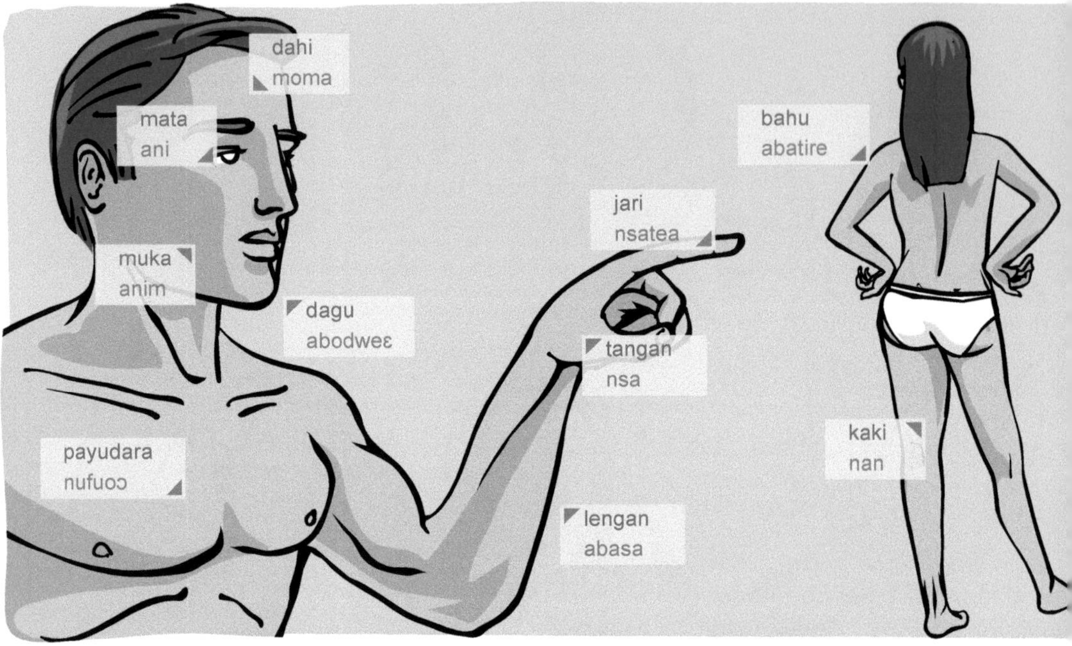

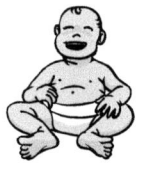

bayi

abɔfra

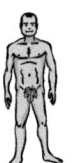

pria

barima

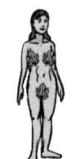

wanita

ɔbaa

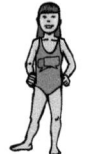

perempuan

abaayewa

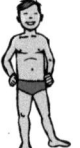

laki

abarimaa

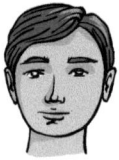

kepala

ɛtire

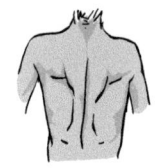

punggung

akyi

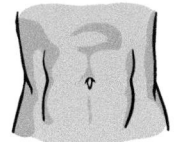

perut

yafunu

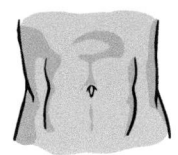

pusar

furuma

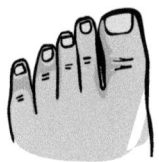

toe

nansoa

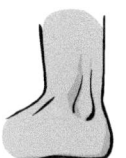

tumit

nantini

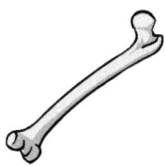

tulang

dompe

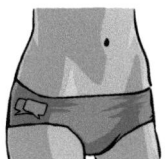

pinggang

sisi

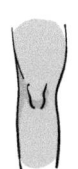

lutut

kotodwe

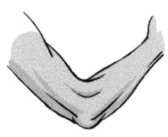

siku

abatwerɛ

hidung

hwene

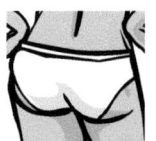

pantat

ɛtoɔ

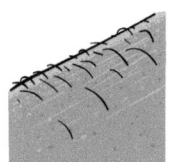

kulit

wedeɛ

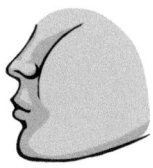

pipi

afono

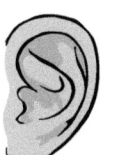

telinga

aso

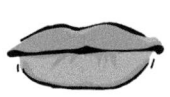

bibir

ano

mulut

ano

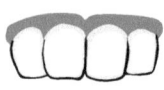

gigi

ɛse

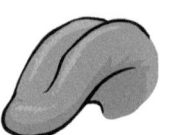

lidah

tɛkyerɛma

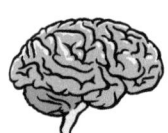

otak

adwene

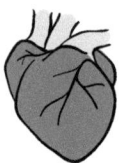

jantung

akoma

otot

honam

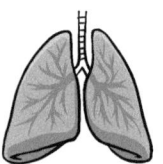

paru-paru

ahrawa

hati

brɛbɔɔ

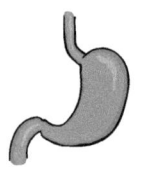

stomach

afuro

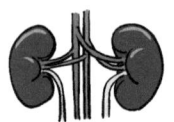

ginjal

sawa

hubungan seks

barima ne ɔbaa nna mu
nhyiamu

kondom

kɔndɔm

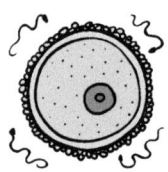

sel telur

nkosua a ɛwɔ obaa mu

sperma

barima ho nsuo

kehamilan

nyinsɛn

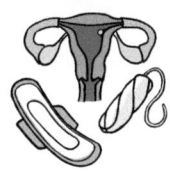

menstruasi

brayɔ

vagina

ɛtwɛ

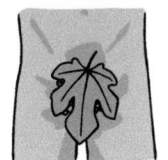

penis

kɔteɛ

alis

aniakyi nwii

rambut

nwii

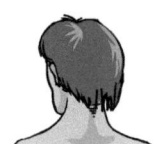

leher

kɔn

rumah sakit
asopiti

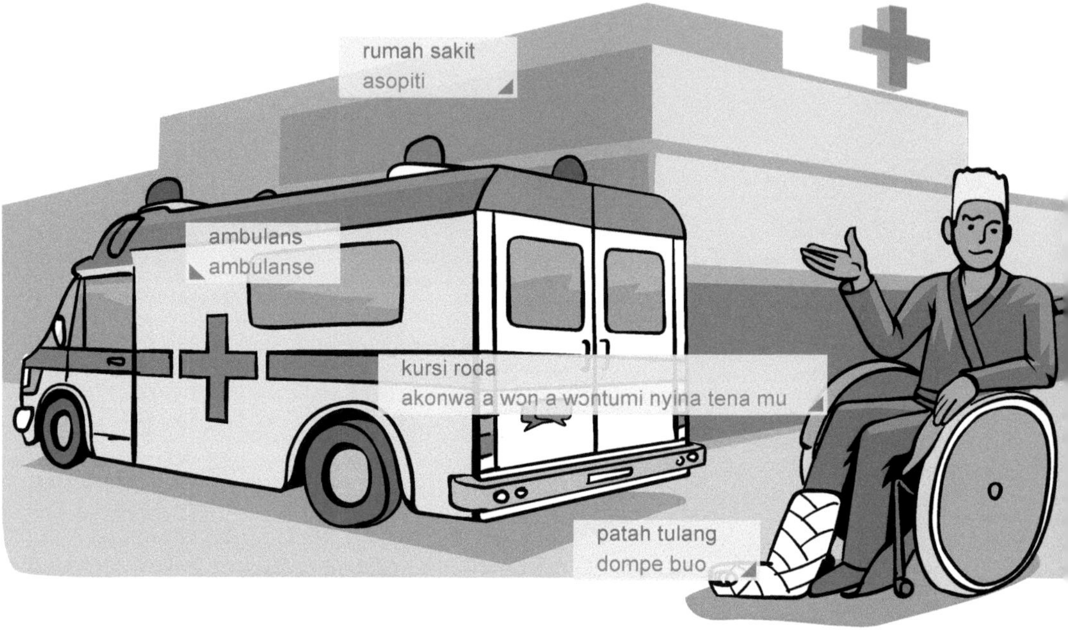

rumah sakit
asopiti
ambulans
ambulanse
kursi roda
akonwa a wɔn a wɔntumi nyina tena mu
patah tulang
dompe buo

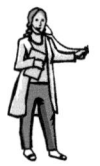

dokter

dɔkota

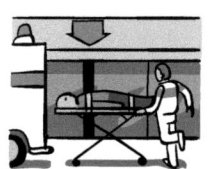

ruang darurat

ɛdan a wɔde wɔn a wɔn apira kɔ mu kɔhwɛ wɔn ɔhare so

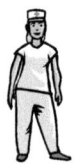

perawat

nɛɛse

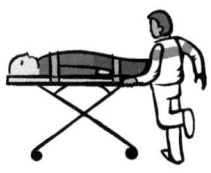

darurat

putupru

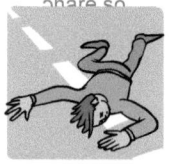

semaput

fenti

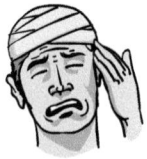

sakit

yaw

cedera

pira

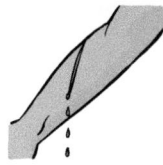

perdarahan

mogyatuo

serangan jantung

akoma yareɛ

stroke

nwodwoɔ yareɛ

alergi

adeɛ wo honam mpɛ

batuk

ɛwa

demam

ahoɔhyeɛ

flu

papu

diare

ayɛmhwie

sakit kepala

tiripayɛ

kanker

kokoram

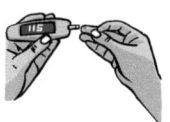

diabetes

asikyire yareɛ

ahli bedah

okotani wɔpaepae obi sa
no yareɛ

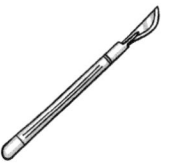

pisau bedah

sekamma

operasi

repaepae obi ho asa no
yareɛ

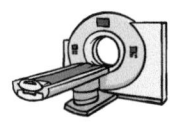

CT

CT

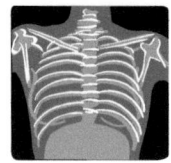

sinar x

x-ray

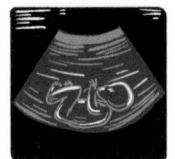

usg

mfonin a wɔtwa de hwɛ awodeɛ mu

topeng

anim nkatadeɛ

penyakit

yareɛ

ruang tunggu

dan aa yɛtwɛn wɔ mu

penyokong

klɔkye

plester

plasta

perban

bandege

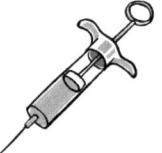

injeksi

paneɛ

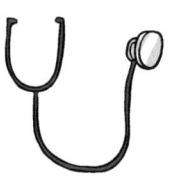

stetoskop

afidie a wɔde tie dede wɔ nnipa ho

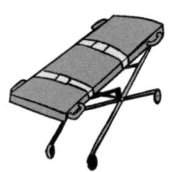

usungan

mpa

termometer klinis

afidie wɔde hwɛ ahoɔhyeɛ

kelahiran

awoɔ

kelebihan berat badan

kɛseyɛ mmorosoɔ

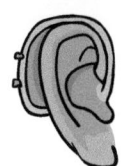

alat pendengar

afidie a ɛboa ma obi te
asɛm yie

desinfektan

aduro a wɔde ko tia
yaremmoa bateria

infeksi

yareɛ nsaeɛ

virus

yaremmoawa

HIV / AIDS

HIV / AIDS

obat

aduro

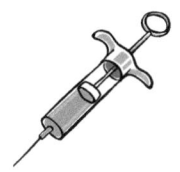

vaksinasi

nsianoaduru paneɛwɔ

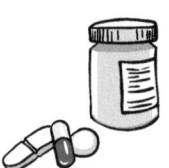

tablet

nnuro a wɔmene

pil

aduro a wɔmene

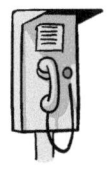

panggilan darurat

putupru frɛ

ukur tekanan darah

afidie a wɔde hwɛ sɛdeɛ
mogya di aforosane

sakit / sehat

yareɛ / ahuɔden

Tolong!

Boa me!

alarm

alam

penyerbuan

repira obi

serangan

to hyɛ biribi so

bahaya

amanɛɛ

pintu darurat

kwan a wɔfa so pue berɛ
asɛm asi putupuru

Api!

Egya!

alat pemadam kebakaran

adeɛ a wɔde dum gya

kecelakaan

akwanhyia

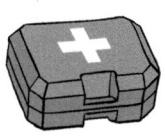

kit pertolongan pertama

mmoa a edikan akadeɛ

SOS

SOS

polisi

polisi

Eropa

Europe

Amerika Utara

North America

Amerika Selatan

South America

Afrika

Afrioa

Asia

Asia

Australi

Australia

Atlantik

Atlantic

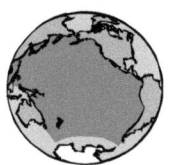

Pasifik

Pacific

Samudra India

Indian Ocean

Samudra Antartika

Antartic Ocean

Samudra Arktik

Arctic Ocean

kutub utara

North Pole

kutub selatan

South Pole

Antarktika

Atartica

bumi

Ewiase

tanah

asaase

laut

ɛpo

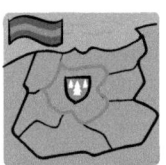

pulau

ɛpoano

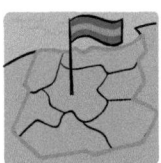

bangsa

ɔman

negara

ɔman

jam wajah

mmerɛ kyerɛfoɔ no anim

jarum pendek

dɔnhwere nsa

jarum menit

sima nsa

jarum detik

anitɛtɛ nsa

Jam berapa?

Abɔ sɛn?

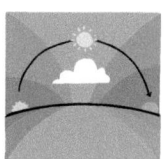

hari

da

waktu

mmerɛ

sekarang

seisei ara

jam digital

abɛɛfo mmerɛ kyerɛfoɔ

menit

sima

jam

dɔnhwere

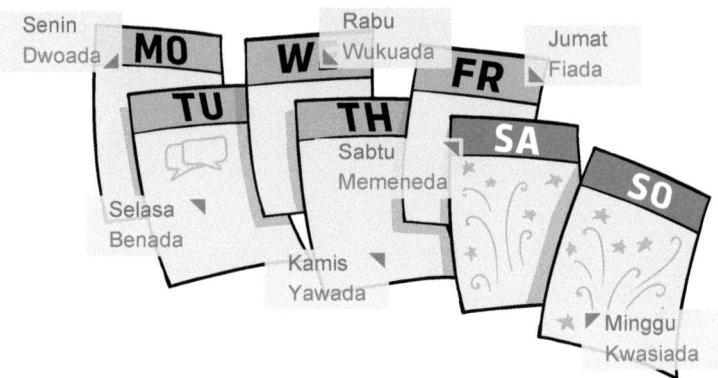

Senin Dwoada MO
Selasa Benada TU
Rabu Wukuada W
Kamis Yawada TH
Jumat Fiada FR
Sabtu Memeneda SA
Minggu Kwasiada SO

kemaren

ɛnora

hari ini

nnɛ

besok

ɔkyena

pagi

anɔpa

siang

awia

malam

anwummerɛ

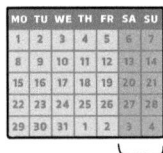

hari kerja

adwuma nna

akhir minggu

nnawɔtwe awieɛ

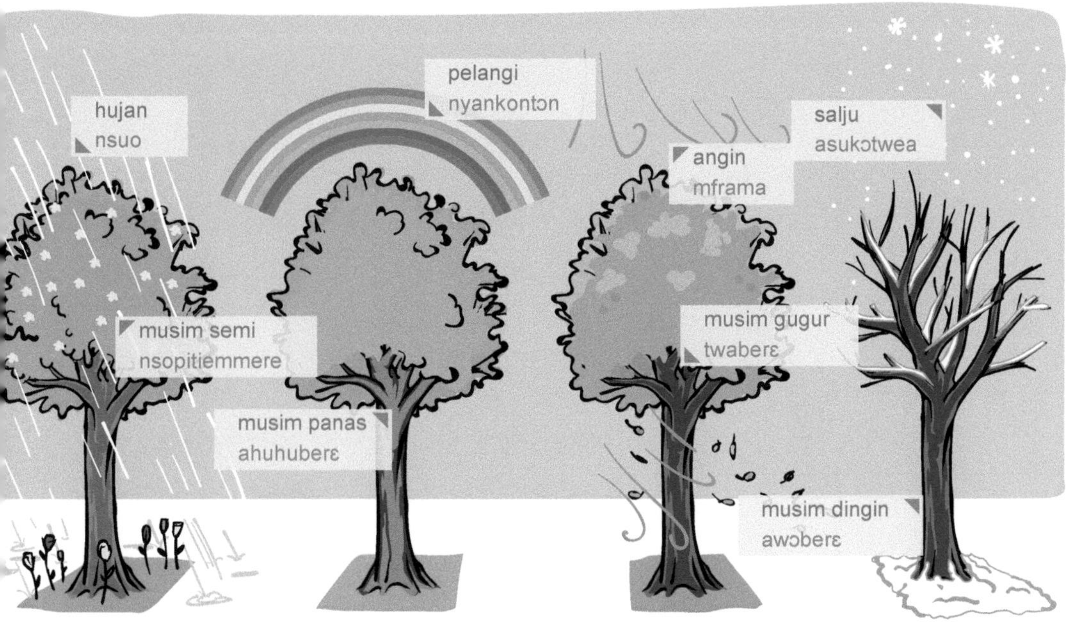

hujan
nsuo

pelangi
nyankontɔn

salju
asukɔtwea

angin
mframa

musim semi
nsopitiemmere

musim gugur
twaberɛ

musim panas
ahuhuberɛ

musim dingin
awɔberɛ

4.APRIL	11°	☀
5.APRIL	4°	☁
6.APRIL	13°	⛈
7.APRIL	8°	☀
8.APRIL	10°	☀

ramalan cuaca

ewiemu nsesaeɛ

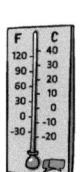

termometer

afidie a wɔde hwɛ ahoɔhyeɛ

matahari

awiabɔ

awan

munumkum

kabut

ɛbɔ

kelembahan

nsuo a ɛwɔ mframa mu

kilat

ayerɛmo

guntur

agradaa

badai

nsuden ne mframa

hujan es

sukɔtwea

monsun

mframa a ɛde nsuo ba

banjir

nsuyiri

es

asukɔtwea

Januari

☐pɛpɔn

Februari

☐gyefoɔ

Maret

☐bɛnem

April

Oforisuo

Mei

Kotonimaa

Juni

Ayɛwohumumɔ

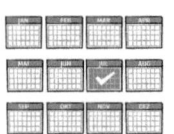

Juli

Kitawonsa

Agustus

☐sanaa

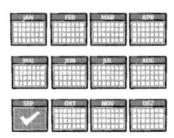

September
....
ɛbɔ

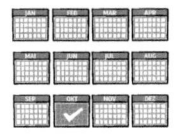

Oktober
....
Ahinime

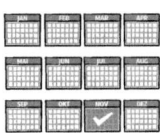

November
....
Obubuo

Desember
....
☐pɛnimaa

bentuk

bɔbea

lingkaran
....
kanko

persegi
....
ahenanan

persegi panjang
....
fasene

segi tiga
....
ahinasa

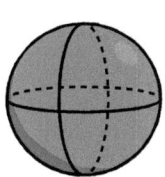

bola
....
kanko

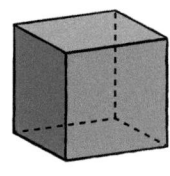

kubus
....
ahenanan

putih

fitaa

kuning

akokɔsradeɛ

oranye

akokɔsradeɛ

pink

memen

merah

kɔkɔɔ

ungu

beredum

biru

bibire

hijau

ahabanmono

coklat

dodoeɛ

abu-abu

nson

hitam

tuntum

banyak / sedikit

bebree / ketewa

marah / tenang

abufuo / brɛo

cantik / jelek

fɛfɛɛfɛ / tantantan

mulaih / selesai

ahyɛaseɛ / awieɛ

besar / kecil

kɛseɛ / ketewa

terang / gelap

ɛhyerɛ / ɛdum

audara laki-laki / saudara perempuan

nua barima / nuabaa

bersih / kotor

ɛho te / ɛfi

lengkap / tidak lengkap

wawie / onwieeyɛ

hari / malam

anopa / anadwo

mati / hidup

wawu / ɔtease

luas / sempit

emu bue/emu mmueɛ

dapat dimakan / tidak dapat dimakan

yetumi di / yentumi nni

jahat / baik

bɔne / papa

bersemangat / bosan

anigyeɛ / w'ani nka

gemuk / kurus

kɛseɛ / hwea

pertama / terakhir

di kan / ka akyi

teman / musuh

adanfo / atanfo

penuh / kosong

ayɛ ma / hwee nnimu

keras / lembut

dendenden / mrɛmrɛmrɛ

berat / enteng

emu ye duru / emu yɛ ha

lapar / haus

ɛkɔm / nsukɔm

sakit / sehat

yareɛ / ahuɔden

ilegal / legal

ɛnfa mmrakwanso / mmrakwanso

cerdas / bodoh

nimdifo / gyimifo

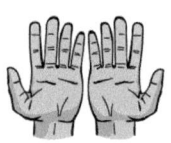

kiri / kanan

benkum / nifa

dekat / jauh

ɛbɛn / ɛmu ware

baru / bekas

foforo / dada

tidak ada apapun / sesuatu

ɛnyɛ hwee / biribi

tua / muda

panyin / abɔfra

nyala / mati

sɔ / dum

buka / tutup

bue / yatom

tenang / keras

dinn / dede

kaya / miskin

sikani / ohiani

benar / salah

papa / bɔne

kasar / halus

wewerɛwewerɛ / tromtrom

sedih / gembira

awerehoɔ / anigye

pendek / panjang

tiatia / tentene

pelan-pelan / cepat

brɛoo / ntɛm

basah / kering

afɔ / awo

hangat / sejuk

ɛyɛ hye / adwo

perang / damai

ntɔkwa / asomdwoe

nɔma

0	**1**	**2**
nol	satu	dua
ohunu	baako	mmienu
3	**4**	**5**
tiga	empat	lima
mmiensa	nan	num
6	**7**	**8**
enam	tujuh	delapan
nsia	nson	nwɔtwe
9	**10**	**11**
sembilan	sepuluh	sebelas
nkron	du	du-baako

12
duabelas
du-mmienu

13
tigabelas
du-mmiensa

14
empatbelas
du-nan

15
limabelas
du-num

16
enambelas
du-nsia

17
tujuhbelas
du-nson

18
delapanbelas
du-nwɔtwe

19
sembilanbelas
du-nkron

20
duapuluh
aduonu

100
seratus
ɔha

1.000
seribu
apem

1.000.000
juta
ɔpepe

Inggris

Brofo kasa

bahasa Inggris Amerika

Amerika Brɔfo

bahasa Cina Mandarin

Chinese Mandarin

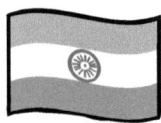

bahasa Hindi

Hindi

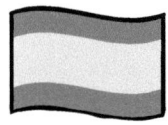

bahasa Spanyol

Spanish

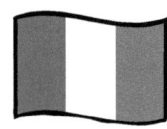

bahasa Perancis

French

bahasa Arab

Arabic

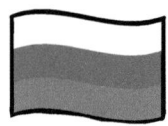

bahasa Rusia

Russian

bahasa Portugis

Portuguese

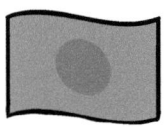

bahasa Bengal

Bengali

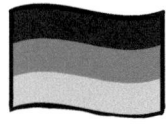

bahasa Jerman

German

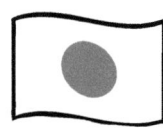

bahasa Jepang

Japanese

saya

me

kamu

wo

dia

ɔno

kita

yɛn

kalian

wo

mereka

wɔn

siapa?

hwan?

apa?

aden?

begaimana?

sɛn?

dimana?

ɛhefa?

kapan?

dabɛn?

nama

din

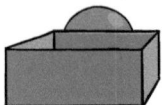

dibelakang

n'akyi

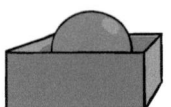

di

ɛmu

didepan

wɔ n'anim

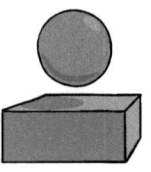

diatas

soro

diatas

so

dibawah

aseɛ

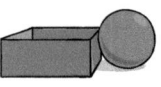

sebelah

nkyene

di antara

ntam

tempat

fa hyɛ